W0380296

KÖNIGSFURT
URANIA

Weltenbaum Yggdrasil

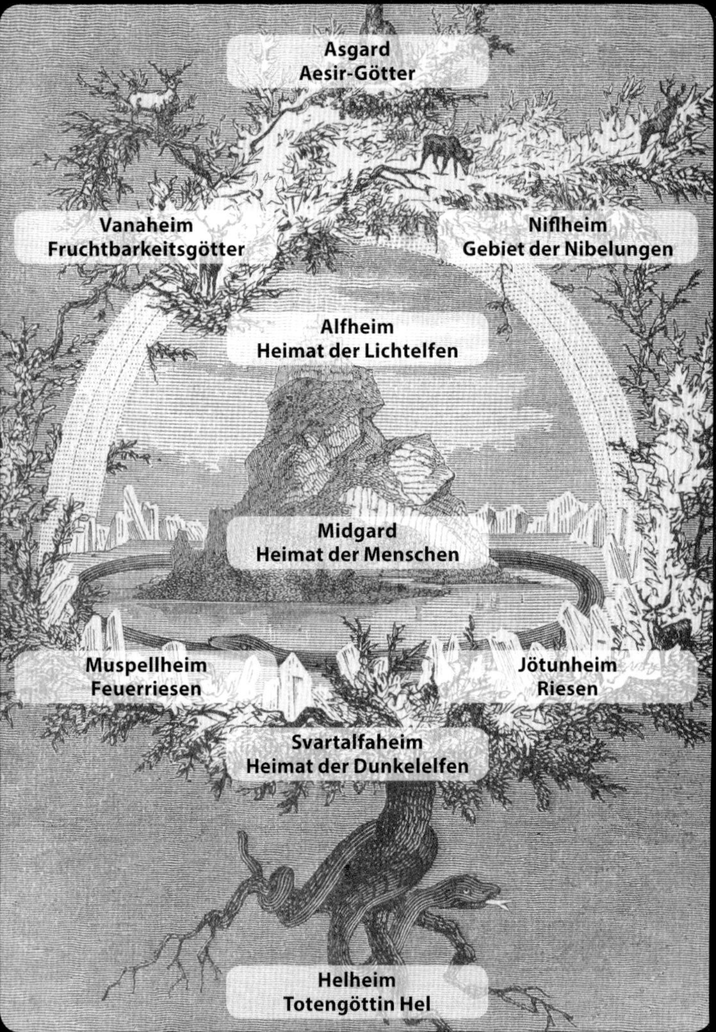

Gulliver l’Aventurière
Lyra Ceoltóir

Runenorakel

Übersetzt von Felicia Gärtner

KÖNIGSFURT
URANIA

Die in diesem Set veröffentlichten Ratschläge wurden mit großer Sorgfalt erarbeitet und geprüft. Eine Garantie kann jedoch nicht übernommen werden. Die Informationen und Ratschläge sind außerdem nicht dazu gedacht, die Beratung durch einen Arzt oder Therapeuten zu ersetzen, sofern eine solche angezeigt ist. Eine Haftung der Autorin oder des Verlags ist ausgeschlossen.

Bibliographische Information der Deutschen Nationalbibliothek
Die Deutsche Nationalbibliothek verzeichnet diese Publikation in der Deutschen Nationalbibliographie; detaillierte bibliographische Daten sind im Internet über http://dnb.d-nb.de abrufbar.

Die Texte und Abbildungen in diesem Buch sind urheberrechtlich geschützt. Weitere Reproduktionen nur nach Genehmigung durch den Verlag.

Deutsche Erstausgabe
Titel der Originalausgabe: Oracle des Runes
Copyright © VEGA, groupe Guy Trédaniel Editeur, Paris 2018
© 2021 by Königsfurt-Urania Verlag GmbH
D-24103 Kiel
www.koenigsfurt-urania.com

Schachtel und Umschlaggestaltung: Felicia Gärtner unter Verwendung von Illustrationen von Gulliver l'Aventurière
Illustrationen: Gulliver l'Aventurière und s. Bildquellenverzeichnis S. 208
Projektmanagement: Felicia Gärtner
Übersetzung: Felicia Gärtner
Lektorat: Dr. Jennifer Lorenzen-Peth, Marion Lorenzen
Satz und Layout: Antje Betken
Kartenproduktion: Cartamundi FR
Schachtelproduktion: EvaLog, CZ
Buchproduktion: Finidr s.r.o.

Printed in EU
ISBN 978-3-86826-785-3 (Set: Booklet und Karten)

Inhalt

Strokkur, ein Geysir im Süden Islands

Einleitung

Entgegen der weit verbreiteten Meinung waren die Runen streng genommen keine Magie, als sie entwickelt wurden. Wir können natürlich davon ausgehen, dass jede Schrift etwas Magisches in sich trägt, da nur Eingeweihte sie entschlüsseln können, die zuvor gelernt haben, die Zeichen zu lesen. Aber dennoch ist es so, dass viele Runenschriften, die von der Archäologie belegt sind, keine rein magische Bedeutung hatten. Die Runen dienten eben nicht nur, aber auch dazu, ein esoterisches Wissen schriftlich zu überliefern, was ihnen die mystische Aura verlieh, die wir heute noch kennen.

In der Magie wurden sie sehr schnell eingesetzt, diesmal nicht als Schreibsystem, sondern als stellvertretendes Zeichen für ein Bild, eine Idee oder ein zu erreichendes Ziel. Es ist daher nicht ungewöhnlich, Runeninschriften ohne grammatikalische Bedeutung auf einer Vielzahl von Medien eingraviert zu finden, da die Symbole dann aufgrund ihrer symbolischen Bedeutung und nicht aufgrund ihres phonetischen Wertes ausgewählt wurden.

Diese zuletzt genannte Verwendung verhalf den Runen zu ihrem Ansehen. Ihre Entdeckung (und nicht ihre Erfindung) wird dem vielseitigen Gott und Magier Odin zugeschrieben, dem Meister der heiligen Wissenschaft. Er hat nach einem selbst auferlegten Initiationsprozess, bei dem er sich neun Tage und neun Nächte lang mit einem von einem Speer durchbohrten Torso am Stamm von Yggdrasil, dem Weltenbaum, hing, die Erkenntnis dieses okkulten Wissens empfangen. Es war dieses Opfer, mehr als jede andere ihm zugeschriebene Tat, das Odin den Nimbus der Macht einbrachte; das ihm seine Bedeutung im skandinavischen Pantheon verlieh.[1]

Etymologisch kann das Wort „Rune" verschiedene Ursprünge haben. Der keltische Begriff *runo* bedeutet „geheim", genau wie das alt-irische Wort *rún*. Viele Sprachen haben einen Begriff, der mit diesen Wurzeln in Verbindung gebracht werden kann, wie z. B. walisisch *rhin* („Geheimnis", „Mysterium"), bretonisch *rin* („Geheimnis" oder „Weisheit") usw., aber auch die nordischen Pluralwörter *rúnar, rúnir,* das alt-englische *run* („Mysterium", „Geständnis", „geflüstertes Geheimnis") oder das alt-hochdeutsche *runa* („Geständnis", „geheimer Rat"). All diese Begriffe legen die Idee einer kodierten Transkription mit Hilfe des Schreibens nahe, ein Wissen, das nur übertragen werden kann, wenn der Leser den Code zum Entziffern hat. Das macht es zu

1 Régis Boyer, Le Monde du double, la magie chez les anciens Scandinaves, Éditions Berg International, 1986.

einem guten Werkzeug, um Geheimnisse vor neugierigen Blicken zu verbergen.

Heute ist die ursprüngliche Verwendung der Runen ein nebulöses Wissen, von der Archäologie mühselig entschlüsselt, das insgesamt fast verloren gegangen wäre.

Seltene Runengedichte, die wegen ihrer Übersetzungen ins Altenglische aus dem 8. oder 9. Jahrhundert stammen, oder das berühmte Hávamál, ein lehrhaftes Gedicht, das in der Lieder-Edda[2] transkribiert wurde und Odin selbst zugeschrieben wird, geben uns einen Einblick in die magischen Bedeutungen und Kräfte, die ihnen von den Praktizierenden zugeschrieben wurden. Heute aber sind sie nur noch ein Instrument, das in erster Linie für Weissagungen verwendet wird (was wahrscheinlich die einzige magische Verwendung war, für die Runen nicht verwendet wurden). Sollte die Idee gewesen sein, ein Runenorakel zu erschaffen, um ein Werkzeug zur Wahrsagerei zu besitzen? Lange Zeit habe ich daran geglaubt, bis ich dieses System rundheraus abgelehnt habe. Ich lag falsch.

Die Runen sind bis heute Träger einer sehr alten magischen Tradition sowie Träger von Konzepten, Tugenden und Ideen, die noch heute lebendig und aktuell sind.

2 Régis Boyer, L'Edda poétique, collection „L'espace intérieur", Éditions Fayard, 1992.

Wohlstand, Sprache, Feuer, Freude, Teilen, Schicksal, Not oder Schutz stehen immer (und sogar mehr denn je!) im Mittelpunkt menschlicher Anliegen, was man an unseren täglichen Fragen und Sorgen sehen kann. Die Runen fassen in vierundzwanzig verschiedenen Zeichen die Grundzüge des menschlichen Lebens zusammen, als spirituelle und mentale Reise auf dem Weg des Lebens. Diese 24 Zeichen, die „Futhark“ (das ältere) genannt werden (wie viele andere Alphabete ist auch dieses einfach nach dem Klang benannt, der von seinen ersten sechs Zeichen **F, U, Th, A, R, K** erzeugt wird), sind in **drei aett** oder *airt* („Familien“) **von je acht Runen** unterteilt, die unter der Ägide einer Gottheit stehen.

Die erste aett umfasst die Runen **Fehu, Uruz, Thurisaz, Ansuz, Raidho, Kauna, Gebo** und **Wunjo**. Unter der Schirmherrschaft des **Gottes Freyr**, der Gottheit der Fruchtbarkeit und der Fülle, vereint diese *aett* in Bezug auf das tägliche Leben die **„materiellsten“ Runen von allen:** Wohlstand, Stärke, Prüfung, Wort, Reise, Feuer, Geschenk und Freude. All diese Konzepte, die zutiefst Clan-basiert sind, finden ihre Erfüllung im Familienleben und in den Belangen der Gesellschaft (die bei den nördlichen Völkern im Wesentlichen agrarisch geprägt sind).

Die zweite aett umfasst die Runen **Hagalaz, Naudiz, Ísaz, Jeran, Íwaz, Pertho, Algiz** und **Sowilo**. Ihr

Schutzgott ist **Heimdall**, der Hüter des Bifröst, der dreistrahligen Regenbogenbrücke, die Verbindung zwischen der Welt der Götter, Asgard, und der Welt der Menschen, Midgard. Diese Runen liegen also auf halbem Weg zwischen menschlichen Anliegen und den Vorstellungen des Göttlichen und berühren das **Wissen über die Welt, über sich selbst und über das Schicksal:** Hagel, Not, Eis, der Kreislauf der Jahreszeiten, die Anderswelt, das Schicksal, der Schutz und die Sonne.

Die dritte und letzte aett umfasst die Runen **Tiwaz, Berkanan, Ehwaz, Mannaz, Laguz, Ingwaz, Dagaz** und **Othala** und steht unter der Ägide des Kriegergottes **Tiu oder Týr**, bekannt für seine Weisheit und seinen Mut. Diese letzten **Runen sind die spirituellsten** von allen, da sie den Menschen auf dem **Weg zum Göttlichen führen:** Sieg, Geburt, Bewegung, Mensch, Wasser, Schwangerschaft, neuer Tag und Erbe.

Runen sind leicht zu lesen, da sie sich auf sehr „irdische“ und leicht verständliche Begriffe beziehen und als Sprache dazu bestimmt sind, zusammengesetzt zu werden, um zu Sätzen mit Bedeutung zu werden.

Sie sind gewissermaßen die Illustrationen eines Buches, dessen Text du im Laufe deiner Legung, nur dank ihrer Bedeutung rekonstruieren musst. Um dir dabei zu helfen, wird jede Rune in diesem Buch in drei verschiedenen Bereichen beschrieben, damit du sie und ihre Bedeutung besser verstehen und erfassen kannst.

Zunächst werden wir ihre Etymologie (Bedeutung und Aussprache) anhand der Namen klären, die ihnen von den alten Sprachen (Altnordisch, Ur-Germanisch und Altenglisch) zugeordnet wurden. Danach werden im Abschnitt „Hintergrund“ die in der Karten-Abbildung verwendeten Symbole im Detail aufgeführt und in einen geschichtlichen Kontext gestellt, um die Gewohnheiten und Bräuche, an die jede Rune gebunden ist, besser zu verinnerlichen. Schließlich vermittelt dir die „Deutung“ die Bedeutung der Rune, die im Zentrum der Legung steht.

Die Runen sind ein Wahrsagemedium für sich. Man findet sie oft eingraviert auf Steinen oder Hölzern, die zum Werfen bestimmt sind, da dies der älteste und einfachste Gebrauch von Orakeln ist. In Form von Karten können sie einen anderen Nutzen haben, so sollen sie uns durch die Legung mit ihrer tieferen Bedeutung in Berührung bringen und so ein Echo unseres Anliegens bewirken und eine Antwort auf unsere Fragen finden.

In diesem Buch habe ich einige Beispiellegungen zusammengestellt, die dich auf deinem Weg zum Erlernen der Runen begleiten und dich mit jeder einzelnen vertraut machen sollen. Dies ist jedoch bei Weitem keine erschöpfende Liste. Es liegt an dir, dein Schicksal selbst in die Hand zu nehmen, indem du dir Legungen so ausdenkst, dass sie deinen Bedürfnissen am besten entsprechen.

Reinigen und Weihen

Schon bevor du die Runenkarten zum ersten Mal ziehst, ist es gut, wenn du dich mit dem Deck verbindest und es zu deinem eigenen machst. Hier ein kleines Ritual, wenn du es von Einflüssen befreien möchtest, die andere Leute bei der Herstellung oder dem Verkauf des Decks hinterlassen haben könnten. Genauso wie du ein neues Kleidungsstück wäschst, bevor du es trägst, kannst du dein Deck vor dem ersten Gebrauch reinigen.

Dazu braucht man nur etwas Weihrauch oder ein reinigendes Öl (z. B. Weihrauch, Salbei, Rosmarin, Myrrhe …) zu nehmen und jede der Karten durch den duftenden Rauch zu ziehen und den Namen der Rune laut auszusprechen.

Wie wir in der Einleitung gesehen haben, hat jede Rune mehrere Namen, darunter Altnordisch, Ur-Germanisch und Altenglisch. Es liegt an dir, für jede Rune den Namen zu wählen, der dich am meisten anspricht, denjenigen, auf den sie „antwortet", wenn du sie aufrufst. Es ist nicht nötig, sie alle mit der gleichen Etymologie zu benennen, du kannst sie sehr wohl für jede Rune ändern. Ich persönlich lese sie so: **Feoh, Ur, Thorn, Ase, Raido, Cen, Gebo, Wunjo, Hagall, Nyd, Isa, Jera, Eo, Peordh, Eolh, Sowilo, Týr, Beorc, Ehwaz, Mannaz, Lagu, Ing, Daeg** und **Othala**. Ein fröhlicher Schmelztiegel also!

Bewahre deine Karten in einer Schachtel oder einer Tasche auf, und wiederhole die Reinigung so oft, wie du möchtest. Vielleicht legst du die Karten auch für andere Menschen, die dadurch ihre Energien dort hinterlassen können. Eine Reinigung von Zeit zu Zeit verhindert das Verweilen fremder Energien und schützt deine Karten.

Legungen

Das Legen der Karten ist eine Hilfestellung, die uns Hinweise auf die Entwicklung einer Situation geben soll, auf ihre mögliche Weiterentwicklung in der Zukunft. Wir können uns auch beraten lassen, wie wir eine gute Entscheidung treffen können, wenn wir mit einer Situation konfrontiert sind, die uns in die Irre führt. Wahrsagen kann jedoch niemals die Zukunft vorhersagen. Es ist lediglich ein Indikator, der uns zeigt, wie sich die Dinge wahrscheinlich entwickeln werden, wenn wir die gleiche Vorgehensweise beibehalten. Das Beispiel, das ich am häufigsten verwende, um diese Tatsache meinen Fragestellern zu veranschaulichen, ist das Wetter: Du hast für das Wochenende eine Wanderung geplant, aber die Wettervorhersage sagt starke Regenfälle in deiner Gegend voraus. Dann stehen dir drei Lösungen zur Verfügung: Du gehst nicht Wandern, auf die Gefahr hin, enttäuscht zu werden, wenn sich die Vorhersage als falsch herausstellt. Du begibst dich auf deine Wanderung, aber du riskierst, völlig durchnässt zu werden und mit einer Grippe im Bett zu enden. Oder du beweist Weitsicht und gehst mit festem Schuhwerk und einem Regenmantel spazieren. Die Vorhersage ermöglicht es dir also, dich auf das vorzubereiten, was wahrscheinlich passieren wird, wenn du auf dem Weg, auf dem du dich befindest, weitergehst. Sie wird dir kein unausweichliches Schicksal ankündigen, dem du nicht entkommen kannst, aber sie wird es dir ermöglichen, zu sehen, ob du auf dem richtigen Weg bist, und wenn nicht, mögliche Misserfolge, Enttäuschungen oder Missgeschicke zu verhindern. Die Weissagung erlaubt es nicht immer, einem negativen Ergebnis zu entgehen, aber sie gibt dir Schlüssel an die Hand, um dich zu schützen und die Zukunft zu verstehen, indem man ausreichend gewappnet ist, um sich ihr zu stellen. Vergiss nie, dass dein Schicksal in deinen Händen liegt und dass nur deine Entscheidungen dich dorthin führen werden, wo du hinwillst. Es liegt an dir, deinen Kurs zu bestimmen!

Selbstverständlich steht es dir frei, deine eigenen Legemuster zu erfinden oder die folgenden an deine persönlichen Bedürfnisse anzupassen. **Hier sind fünf Beispiellegungen, die dich auf deiner Reise in die Welt der Runen begleiten sollen.**

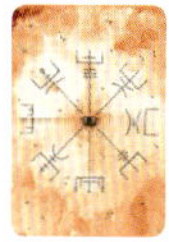

Der Rat

Diese sehr einfache Legung, bei der nur **eine Karte** gezogen wird, kann jeden Tag verwendet werden, wenn du eine **tägliche Orientierungshilfe** wünschst, z. B. morgens, um dir das Thema oder die Aufgabe des kommenden Tages anzuzeigen. Sie kann auch nützlich sein, eine sehr einfache Frage schnell zu beantworten oder in einer Zeit des Zweifels wertvolle Ratschläge zu geben.

Verteile die Karten mit beiden Händen auf einem Tisch, mische und drehe die Karten so, dass einige verkehrtherum („auf dem Kopf“) liegen bleiben. Denke über deine Frage nach (Im Falle der täglichen Orientierungshilfe könnte diese Frage einfach lauten: „Wie wird der Tag?“). Im Allgemeinen vermeiden wir beim Kartenlegen geschlossene Fragen, d. h. Fragen, die mit „Ja“ oder „Nein“ beantwortet werden können, und ziehen offene Fragen vor. Anstatt zum Beispiel zu fragen: „Werde ich diesen Job bekommen?“, frage lieber: „Was brauche ich, um diesen Job zu bekommen?“ Wenn du das Gefühl hast, dass das Deck ausreichend gemischt ist, nimm alle Karten zu einem Stapel auf und hebe ungefähr die Hälfte davon mit der linken Hand ab (verbunden mit der rechten Gehirnhälfte, dem Sitz des Unbewussten und der Intuition. Ich empfehle dir daher immer, mit der linken Hand zu ziehen): Die beiden oberen Karten auf den beiden

Stapeln sind eine Momentaufnahme deiner aktuellen Situation und deines momentanen Gemütszustandes. Sie können dir helfen, besser zu verstehen, was dich zu der Befragung veranlasst hat, oder, wenn du für einen Dritten legst, seine wahre Verfassung besser zu verstehen. Füge nun beide Stapel wieder zusammen und ziehe eine einzelne Karte, die du in der gleichen Bewegung umdrehst, wie du die Seite eines Buches umschlägst, von rechts nach links (um die Ausrichtung der Karte beizubehalten). Dann interpretiere sie mit Hilfe der Vorschläge in diesem Buch.

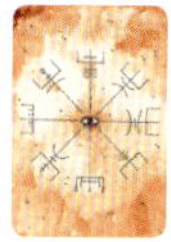
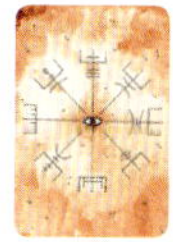

Die Waage

Bei dieser Legung werden **zwei Karten** gezogen, um durch **Abwägung der Vor- und Nachteile eine Bestandsaufnahme der Situation** vorzunehmen. Mische die Karten und teile sie in zwei Stapel, wie in der vorherigen Legung beschrieben, und ziehe zwei Karten.

Die **erste Karte**, links von dir, steht für das „**Pro**", die Vorteile dieser Situation, ihre Stärken und Vorzüge. Sie symbolisiert die Hilfe, die du erhalten kannst, und den Nutzen, den du davon erwarten kannst.

Die **zweite Karte**, zu deiner Rechten, stellt das „**Contra**" dar, die Nachteile der Situation, für die du die Legung ausführst, ihre Schwachpunkte und negativen Aspekte. Sie symbolisiert die Hindernisse, auf die du stoßen könntest, und die Schwächen, die die Situation bewirken kann.

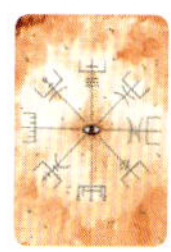
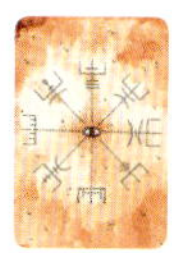
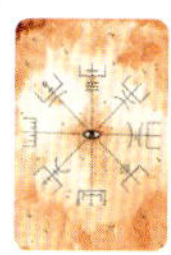

Die Maske

Diese **Drei-Karten-Legung**, die etwas komplexer als die vorherigen ist, wird verwendet, wenn man sich in einer **unklaren Situation** verloren oder **manipuliert** fühlt, oder man sich mit einer (bekannten oder gerade getroffenen) **Person** auseinandersetzt, deren wahre Absichten nicht verstanden werden. Sie zeigt uns die **Dinge, wie sie wirklich sind**, und hilft uns, Blindheit zu vermeiden.

Mische die Karten, wie in der ersten Legung beschrieben, und denke dabei an die Person oder Situation, auf die sich die Legung beziehen soll. Ziehe drei Karten und ordne sie untereinander an, wobei die erste Karte oben liegt. Lies sie von unten nach oben wie folgt:

- **Unterste Karte: Was du zu wissen glaubst.** Sie repräsentiert das, was wir sehen, und die bisherige Betrachtung der Situation oder der Person, auf die die Legung sich bezieht. Diese Karte hilft zu verstehen, wie wir die Situation wahrnehmen.

- **Mittlere Karte: Die Gründe, warum wir die Wahrheit möglicherweise nicht als Ganzes erkennen.** Diese Karte konzentriert sich auf die Gründe, warum uns die Situation überwältigt oder in die Irre führt und sagt uns, gegen was wir vorgehen müssen, um die Wahrheit vollständig zu erfassen. Falls es Blindheit ist, dann muss es einen tieferen Grund geben: Es ist jener Grund, den diese Karte aufzeigt.

- **Oberste Karte: Die Wahrheit.** Diese Karte gibt die Antwort auf die vor der Legung gestellte Frage. Sie zeigt die Dinge, wie sie wirklich sind, ob wir sie verstanden haben oder nicht, und ermöglicht es, zu überprüfen, ob wir auf dem richtigen Weg sind oder nicht.

Yggdrasil

Diese **Neun-Karten-Legung** ermöglicht es, alle Aspekte einer Situation zu erfassen und eine konstruktive Bewertung der Situation vorzunehmen. Sie folgt dem Schema des **Weltenbaumes** aus der skandinavischen Mythologie, **Yggdrasil**, und ordnet drei mal drei Karten den verschiedenen Teilen des Baumes zu (den Wurzeln, dem Stamm und den Ästen). Die drei Karten für die Vergangenheit befinden sich am unteren Ende der Legung, dann folgen die drei Karten für die Gegenwart und schließlich die drei oberen Karten für die Zukunft. Bei dieser Legung, die komplexer als die vorhergehenden ist, müssen die Karten entsprechend den benachbarten Karten interpretiert werden, und zwar nicht nur die drei Karten einer Reihe, sondern auch die drei Karten einer Spalte. Die Vergangenheit bildet die Grundlage der Gegenwart: Die erste Karte (in der untersten Reihe) ist daher der Ursprung für die Entstehung der ersten Karte in der zweiten Reihe (Gegenwart), und so weiter. Gleichermaßen bestimmt die Art und Weise, wie du in der Gegenwart handelst, die Richtung der Zukunft. Die erste Karte der obersten Reihe (Zukunft) wird also von der ersten Karte der zweiten Reihe (Gegenwart) abgeleitet. Es ist notwendiger denn je, sich daran zu erinnern, dass wir alle Herren unseres eigenen Schicksals sind und dass nichts in Stein gemeißelt ist. Wenn dir die von der Zukunftslinie beschriebene Situation missfällt oder nicht deinen Erwartungen entspricht, liegt es an dir, deine gegenwärtige Einstellung entsprechend zu ändern.

Mische die Karten, wie in der ersten Legung beschrieben. Ziehe neun Karten, die du in drei Reihen von je drei Karten anordnest (beginnend bei der untersten Reihe, der Vergangenheit), und interpretiere die Karten wie folgt:

- **Unterste Reihe: Helheim, die Welt der Toten:** Die **erste Karte** auf der linken Seite zeigt, was **verborgen**, geheim oder tief **im Unbewussten** vergraben ist. Die **mittlere Karte** stellt das **Vermächtnis der Vorfahren** dar und erklärt, was uns in der **Vergangenheit** in die heutige Situation gebracht hat. Die **dritte Karte**, rechts, steht für die **Vergangenheit**, für die Ereignisse, die uns dorthin gebracht haben, wo wir jetzt sind.

- **Mittlere Reihe: Midgard, die Welt der Menschen:** Die **erste Karte** auf der linken Seite zeigt, was im **Licht liegt, offensichtlich und klar,** was wir der Welt zeigen. Ihre Interpretation sollte sich an der Karte direkt darunter orientieren, die die verborgenen Dinge aufzeigt. Die **Karte im Zentrum** stellt das **Umfeld und seine positiven oder negativen Einflüsse** in der aktuellen Situation dar. Die **rechte Karte** stellt ein Bild der **aktuellen Situation** dar.

Weltenbaum Yggdrasil

- **Oberste Reihe: Asgard, die Welt der Götter:** Die **erste Karte** auf der linken Seite zeigt, **was wirklich wichtig ist,** welche Betrachtungsweisen der Situation berücksichtigt werden müssen. Sie gibt wertvolle Ratschläge zur Lösung des Problems, indem sie sich auf die Aspekte konzentriert, aus denen der größte Vorteil gezogen werden kann. Die **zweite Karte** deutet auf H**offnungen und/oder Ängste** hin. Sie zeigt mögliche Erwartungen oder Befürchtungen, die es zu berücksichtigen gilt. Die **dritte Karte** stellt schließlich die **Zukunft** dar und ist eine **Antwort auf die gestellte Frage**.

Der Dialog

Diese Legung, die streng genommen keine ist, kommt der einfachen Methode der Orakelbefragung sehr nahe und benötigt ein wenig Platz. Lege auf einen Tisch eine Tischdecke oder ein großes Tuch und zeichne darauf mittig einen Kreis (mit Hilfe eines Bandes oder einer Schnur) von etwa 30 Zentimetern Durchmesser. So erhältst du einen Plan, der fünf Interpretationsbereiche definiert:

- **Der zentrale Kreis repräsentiert dich.** Es zeigt dich, im Hier und Jetzt, sowie dein Umfeld und die Dinge, die sich um dich drehen.
- **Auf der linken Seite des Kreises** befindet sich der **Bereich der Vergangenheit:** Er umfasst alle vergangenen Ereignisse, die in der Gegenwart noch von Bedeutung sind, weil es diese Ereignisse sind, die dich dorthin gebracht haben, wo du jetzt bist.
- **Rechts vom Kreis liegt die Zukunft:** Die Karten in diesem Bereich zeigen, wie sich die Situation entwickeln wird, wenn du dasselbe Verhalten beibehältst.
- **Unterhalb des Kreises** befindet sich der Bereich, der dem **Unbewussten** zugeordnet ist: Er umfasst alles, was in dir verborgen ist, oder einfach nur darauf wartet, enthüllt zu werden. Er ermöglicht es dir, klar zu sehen, wie sich deine geistige

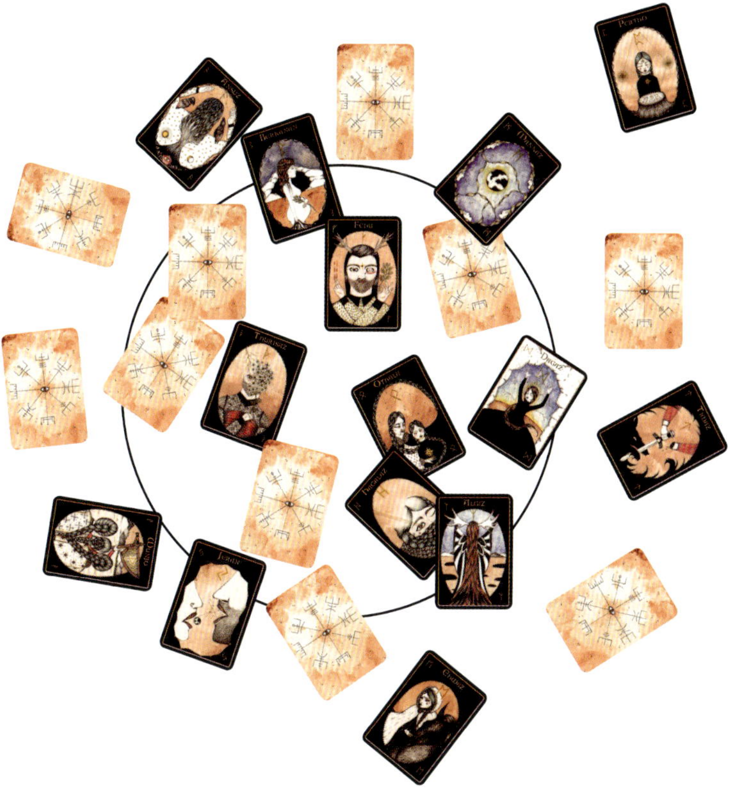

Verfassung darstellt und welche Aufgaben du bewältigen musst, um dich selbst zu verbessern oder ehrlicher mit dir und der Welt zu sein.

- **Oberhalb des Kreises** befindet sich schließlich der Bereich, der sich damit befasst, w**er du in der Öffentlichkeit bist,** was du zeigst und wie andere dich wahrnehmen, ob es mit deiner wahren Persönlichkeit übereinstimmt oder nicht.

Um diese „Legung“ durchzuführen, nimm einfach den Kartenstapel in die Hand, wirf die Karten auf den Tisch und lasse sie frei fallen. Du interpretierst dann nur die Karten, die mit der Bildseite nach oben liegen, auf die Karten in der Umgebung sowie auf deren Ausrichtung achtend (aufrecht oder auf dem Kopf stehend, aber auch nach rechts oder links weisend, je nachdem, in welchen Bereichen sie sich bewegen; links für die Vergangenheit, rechts für die Zukunft). Einige Karten können außerhalb des markierten Bereiches fallen, mach dir darüber keine Gedanken. Betrachte diejenigen, die mit der Bildseite nach oben erscheinen, als „Botschaften außerhalb der Zeit“, d. h. als zeitlose Ratschläge, die du immer im Hinterkopf behalten solltest.

Diese Legung beantwortet nicht wirklich eine Frage, sie ist eher ein „Dialog“ mit dir selbst. Es soll eine Bestandsaufnahme eines bestimmten Moments in deinem Leben sein (dein Geburtstag, ein Wechsel im Leben, das neue Jahr …) und dir dabei behilflich sein, dich selbst mit Ehrlichkeit und Klarheit zu entdecken. Was sehr komplex erscheint, ist in Wirklichkeit sehr einfach, weil zutiefst intuitiv. Erstelle dir eine Skizze, indem du die Karten und die Runen entsprechend ihrer Anordnung zeichnest (oder fotografierst), für dich eine Art Mind Map (oder ein Reflexionsmandala), auf die du später zurückkommen oder über die du meditieren kannst. Sehr umfassend behandelt diese Legung oft mehrere Aspekte deines Lebens, je nach deinen Anliegen, und sollte nicht zu oft wiederholt werden. Einmal bei besonderen Daten oder Anlässen (s. o.) ist ein vernünftiges Maß.

Ein paar Ratschläge

1 **Verwende deine Karten oft.** Dadurch können sie nicht nur von dir durchdrungen werden, sondern auch du wirst von ihnen durchdrungen sein. Sieh sie an, lerne sie auswendig, mache sie zu deinen eigenen. Du kannst sie von Zeit zu Zeit bei dir tragen oder sogar zum Schlafen unter dein Kopfkissen legen.

2 **Um deine Intuition zu verbessern,** kannst du vor dem eigentlichen Ziehen der Karten einige Übungen durchführen. Sieh dir zunächst jede Karte genau an, ohne die Interpretation zu lesen, und notiere, was dir in den Sinn kommt, wenn du die Abbildung und das Symbol der Rune siehst. Versuche dann, die Menschen um dich herum – deinen besten Freund, deinen Ehepartner, deine Eltern, deine Kinder, deine Kollegen … – mit bestimmten Karten in Verbindung zu bringen, basierend auf den „Ähnlichkeiten“, die du bemerkst. Versuche dies auch für dich selbst mit ein oder zwei Karten.

Lies dann die Interpretationen und prüfe, ob sie sich mit deinen ersten Eindrücken überschneiden. Du wirst wahrscheinlich von der Genauigkeit des Ergebnisses überrascht sein!
Danach kannst du auch jeden Abend deinen Tag mit Karten erzählen, je nach den Ereignissen des Tages, den Menschen, denen du begegnet bist, deinem Gemütszustand. Denke nicht zu viel nach und lies die Interpretationen erst am Ende. Du wirst sehen, dass du die Bedeutung jeder Karte schnell merken kannst.

3 **Erwarte nichts.** Dieser Rat ist wahrscheinlich am schwierigsten zu befolgen, vor allem, wenn du die Karten für dich selbst oder jemanden, der dir nahesteht, ziehst. Lege daher keine Karten in einem Moment emotionaler Bedrängnis, Stress oder wenn du müde bist, dies würde die Kartenlegung nur verzerren. Warte am besten, bis du etwas Abstand hast.

4 **Stelle dieselbe Frage nicht zweimal,** auch nicht im Abstand von einigen Tagen. Auch wenn es manchmal verlockend sein mag, ist es völlig kontraproduktiv und würde nur dazu dienen, dich zu verwirren. Warte mindestens einen Monat, bevor du eine Frage erneut stellst.

5 **Wenn dir die Legung negativ erscheint**, sei nicht beunruhigt: Nimm es als Warnung, sich für zukünftige Ereignisse vorzubereiten. Denke immer daran, dass es deine Handlungen sind, die den Kurs der Zukunft bestimmen werden.

6 **Führe ein Tagebuch über deine Legungen.** So kannst du leicht dort nachlesen und die Verbindung zu den Ereignissen in deinem Leben herstellen, um zu sehen, ob du sinnvoll interpretiert hattest. Einige unklare Interpretationen machen vielleicht erst Sinn, nachdem das beschriebene Ereignis eingetreten ist. Wenn du deine Legungen aufschreibst, kannst du sie kommentieren und sehen, wie du deine Deutungen verbessern kannst.

7 Und, vor allem: **Habe Freude am Umgang mit den Runenkarten!**

Fehu

Uruz

Thurisaz
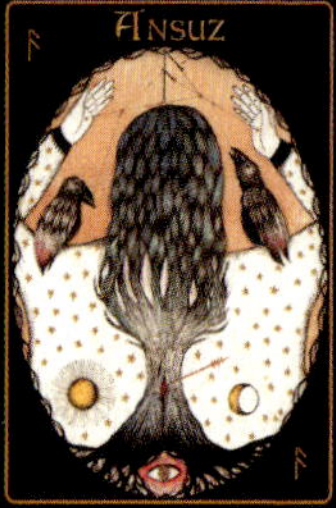
Ansuz

Raidho

Kauna

Gebo

Wunjo

Hagalaz

Naudiz

Isaz
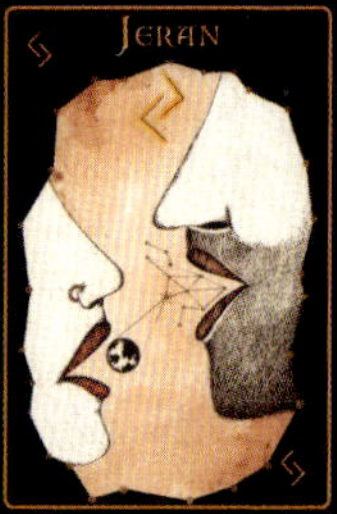
Jeran

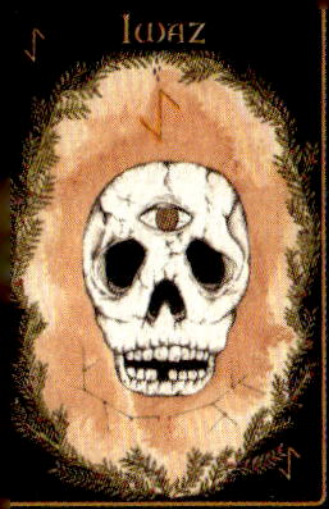
Iwaz

Pertho

Algiz

Sowilo
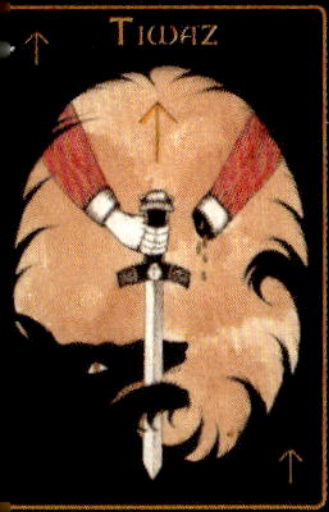
Tiwaz

Berkanan

Ehwaz
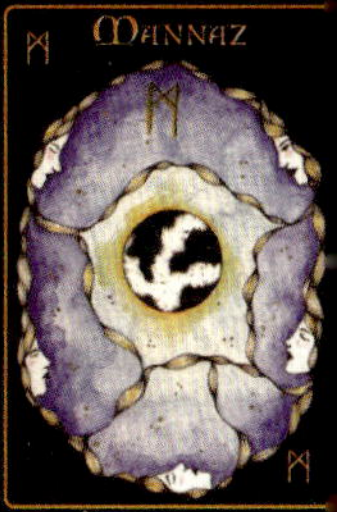
Mannaz

Laguz

Ingwaz

Dagaz

Othala

Fehu

Auch Feoh, Fé auf Altnordisch genannt (alles Begriffe, die „Vieh, Reichtum“ bedeuten), entspricht sie dem Klang unseres Buchstabens F und erinnert in ihrer Form an in den Himmel erhobene Hörner eines Rindes. Als erste Rune von Freyrs aett ist sie natürlich stark mit diesem Gott verbunden, mit dem sie viele Gemeinsamkeiten hat.

Hintergrund

Auf der Karte ist Freyr von vorne dargestellt, mit einem majestätischen Hirschgeweih, das seine Fruchtbarkeit und seine legendäre maskuline Kraft widerspiegelt. Das Hirschgeweih, ein mächtiges Symbol, das in schamanischen Riten verwendet wird, um das Sichtbare mit dem Unsichtbaren zu verbinden, wurde seit prähistorischen Zeiten als göttlicher Schmuck angesehen. Die Darstellung des „Zauberers" in der Höhle von Trois-Frères im Departement Ariège zeigt bereits einen solchen Schmuck, den ein Mann, wahrscheinlich ein Schamane, auf einer Höhlenmalerei trägt, die aus dem Magdalénien stammt (zwischen 17 000 und 12 000 Jahre vor unserer Zeitrechnung). Das Geweih, das im Frühling mit der Kraft und der Fruchtbarkeit des Tieres wächst, bevor es am Ende des Winters (Sterilitätsperiode) fällt, ist eines der wenigen sichtbaren Beispiele für den unendlichen Kreislauf von Leben, Tod und Wiedergeburt in der Tierwelt.

Freyr, einer der wichtigsten Vanen unter den nördlichen Völkern, war somit eine wohlhabende Gottheit, die sowohl über Regen als auch über Sonne verfügte, was ihm zum Fruchtbarkeitsgott par excellence machte. Auf seinen Handrücken sind Weizenähren dargestellt, die die Ernten widerspiegeln, die für das Überleben des Clans unerlässlich sind. Golden verkünden sie eine reiche und produktive Ernte.

Welteneschе Yggdrasil, Illustration aus dem Jahr 1847

Sein blattbedecktes Gewand verrät seine Verbundenheit mit der Natur- und Pflanzenwelt. Er ist das Leben, das im Sommer im Überfluss vorhanden ist, im Winter langsam vergeht, sich vor den Widrigkeiten des Winters versteckt und wieder mit Elan und Versprechungen auftaucht, sobald der Frühling zurückkehrt.

Sein Gesicht fordert uns auch durch seine Dualität heraus. Auf der einen Seite kontrolliert ein Auge mit einer dunklen Pupille, die offen und aufmerksam ist, die Hand, deren zwei Finger, in Anlehnung an die beiden in den Himmel ragenden Zweige der Rune, Flammen werfen, was auf die aktive Seite ihrer Funktionen, auf die Arbeit mit den Händen und die durch Inspiration hervorgerufene Schöpfung verweist. Das andere Auge, rot unterstrichen und mit weißer Pupille, erscheint blind und verwundet, und deutet auf eine Hand, die einen Zweig einer Esche schwingt, den Weltenbaum, der in der nordischen Mythologie „Yggdrasil" genannt wird. Dies ist die passive, symbolische Seite der Dinge, die wachsen, des Reifens von Früchten und Projekten, von der Reifung in der blinden Dunkelheit der Erde. Nur wenn wir diese beiden Aspekte unseres Lebens miteinander verbinden, können wir den von der Rune versprochenen Wohlstand erreichen.

Deutung

Fehu verkündet einen **materiellen Erfolg**, einen willkommenen **Überfluss**, eine gewisse **Stärke** des Individuums. Diese Karte zeigt dir, dass du den **Mut** in dir trägst, Hindernisse, die dir begegnen werden, erfolgreich zu überwinden und die Türen zu einer wohlverdienten Belohnung zu öffnen. Die Entscheidungen, die du treffen musst, müssen von deinem Instinkt und nicht von deiner Vernunft geleitet werden, um gewinnbringend zu sein.

Es ist an der Zeit, auf die kleine innere Stimme zu hören, die **ursprüngliche Inspiration**, das letzte Überbleibsel unseres wilden Instinkts. In einer Legung fördert *Fehu* das materielle Wachstum und lässt eine Idee, ein Projekt keimen, das du mit Liebe und Sorgfalt pflegen musst, damit es Früchte trägt. Es ist der Beginn deiner Reise, ein Anfang, an dem du die **Samen säen** kannst, von denen du in deinem Leben Wurzeln schlagen lassen willst. Sie ist zutiefst positiv und kündigt Erfolg im Geschäftsleben an. Als Rune der Selbstverwirklichung verspricht sie **Belohnungen und gegenseitige Gefühle**. Wenn sie keinen Gewinn ankündigt, scheint sie den Schutz und die Dauerhaftigkeit dessen zu garantieren, was man bereits hat: Selbst die unsichersten Gewinne sind somit geschützt, solange man wachsam bleibt und weiter in Richtung der eingeschlagenen Richtung arbeitet. Profitiere von diesem Glück und teile es mit Menschen deines Vertrauens!

Auf dem Kopf stehend kann sie bedeuten, dass es in deinem Leben eine **Enttäuschung** gibt, die du trotz vieler Bemühungen noch nicht überwinden kannst. Vielleicht nimmst du nicht den richtigen Weg, um dorthin zu gelangen. *Fehu* rät dir dann, sich die Zeit zu nehmen, über diese Erfahrungen nachzudenken und Bilanz zu ziehen. Willst du wirklich das, was du suchst? Besser noch: Brauchst du es wirklich? Vielleicht ist es nur eine Illusion deines Egos, und das wirkliche Problem liegt woanders. Sei ehrlich, mutig und positiv. Besitz ist nicht immer der Schlüssel zum Glück. Kehre **zu den Ursprüngen zurück**, beobachte den Lebenszyklus. So wie die Sonne nach dem Regen immer wieder zurückkommt, wird sich die Freude wieder zeigen, wenn du bereit bist, sie zu empfangen.

Erfolg, Überfluss
Kraft, Mut
ursprüngliche Inspiration
Fruchtbarkeit, Samen
Zurück zum Ursprung

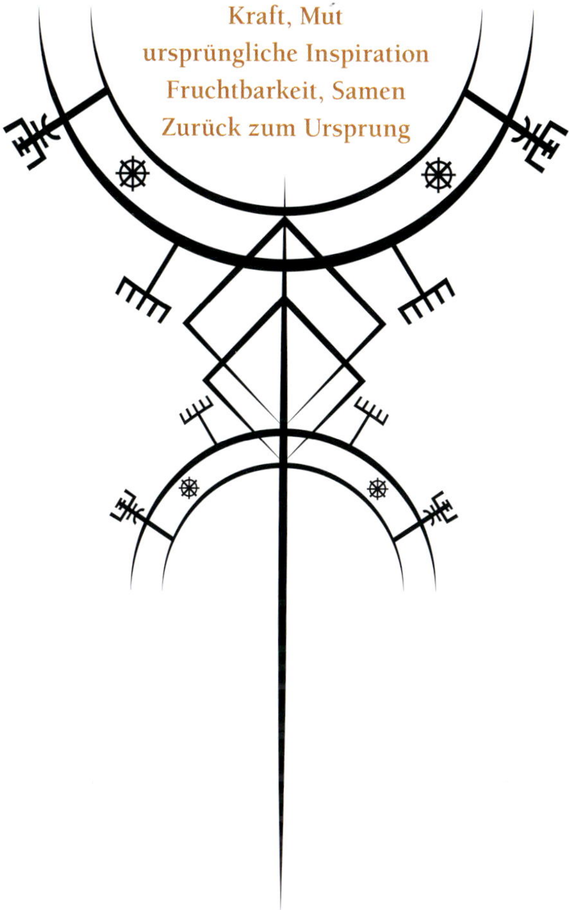

URUZ

Auch Uraz, Uros oder Ur genannt. *Uruz* bedeutet in der urgermanischen Sprache „Auerochse“ und entspricht dem Lautwert „U“. Die Rune erinnert in ihrer Form an eine stabile Struktur, die auf zwei Beinen steht und einen Querbalken oder Balken trägt. Tatsächlich handelt es sich um die skizzierte Silhouette eines Auerochsen, eines Rindes, dessen kräftiger Rücken auf den Hinterbeinen ruht, die optisch kürzer als die Vorderbeine erscheinen, wie bei unserem heutigen Bison.

Hintergrund

Die Auerochsen-Frau auf dieser Karte repräsentiert Urd, die Norne der Vergangenheit in der nordischen Mythologie. Die Nornen, vergleichbar mit den römischen Parzen und den griechischen Moiren, sind drei Gottheiten, die von den Göttern beauftragt wurden, das Schicksal der Menschen zu lenken, indem sie deren Lebensfäden spinnen. Bei den nordischen Völkern sind diese Göttinnen Jötnar, Riesen, deren Volk das goldene Zeitalter der Götter beendete. Alle drei leben im Schutz der Wurzeln von Yggdrasil, dem Weltenbaum, wo sie mit großer Weisheit das Schicksal eines jeden Menschen auf Holzbrettern eingravieren. So gebildet, gehören sie sicherlich zu den wenigen Gottheiten, die zur Erfüllung ihrer Aufgaben das Runenalphabet verwenden, zweifellos von Odin selbst in dieser Kunst unterwiesen.

Der Begriff des Schicksals ist bei den nordischen Völkern grundlegend und unverzichtbar für das Verständnis des Funktionierens ihrer Gesellschaft; jedes Wesen ist seinem Schicksal unterworfen, auch die Götter! Die nordische Mythologie ist in der Tat eine

Urd, die Norne der Vergangenheit, am Weltenbaum Yggdrasil. Illustration aus dem Jahr 1874

der seltenen, die vom Fall und Tod ihrer Götter während des Kataklysmus berichtet, „Ragnarök" genannt („Götterdämmerung"), als die wilden und unkontrollierbaren Elemente, entfesselt, die sterbende Welt zerstört hatten, um ein neues Gleichgewicht zu schaffen. Auch hier erkennt man die große Bedeutung des Kreislaufs von Leben, Tod und Wiedergeburt bei den nördlichen Völkern, bei denen selbst die Götter sterblich sind.

Ein anderer Name für Urd ist Ur, was so viel wie „Was geschah" bedeutet; sie ist somit für Geburten und Ereignisse im Zusammenhang mit der Vergangenheit zuständig. Mit verbundenen Augen, ihre Unvoreingenommenheit verratend, wendet sie hier ihr Gesicht der Vergangenheit zu und sucht Kraft und Stabilität in der Erfahrung, um sie besser in die Gegenwart mitzunehmen. Um sie herum scheinen Sternbilder ein riesiges Netz zu weben, das sie mühelos auseinanderzieht, ohne es überhaupt zu sehen, wie ein Spinnennetz in ihrem Weg. Wahrscheinlich verband sie sich die Augen selbst, nicht um sich zu behindern, sondern um sich besser auf ihre Aufgabe konzentrieren zu können, indem sie sich von alltäglichen Ablenkungen abschottet.

Sie sieht seriös und ernsthaft aus und ist bereits etwas älter, an der Schwelle zum Alter. Aber die Auerochsen-Hörner auf ihrem Kopf bedeuten, dass ihr Alter keineswegs eine Schwäche ist, sondern eine Stärke, die sie nutzt, um ihre Gegenwart und ihre Zukunft mit den Früchten ihrer Erfahrungen zu bereichern. Die goldenen Tröpfchen unter ihrem linken Auge, die an Tränen erinnern, hat sie zu einer Verzierung gemacht, so wie sie aus ihren Schwächen eine Stärke gemacht hat.

Deutung

Uruz ist eine **ursprüngliche und rohe Kraft** wie der Auerochse. Die Domestizierung dieses mächtigen und aggressiven Wildrindes ist schwer, verspricht aber durch seine friedliche Hilfe ein mehr an Arbeitskraft. Die Karte trägt die **Lebensenergie der Erde** in sich, zu der der Auerochse gehört, seine Kraft und Wachstumsfähigkeit. Stabil und sicher, bringt sie die **Lösung von Problemen** mit sich, insbesondere die **Heilung der Seele oder des Körpers** nach einer Periode des Leidens oder der Krankheit. Sie verleiht allem, was sie berührt, einschließlich der benachbarten Karten, die sie durch Strahlung mit Energie füllt, ihre **kraftvolle Vitalität**. Sie ist das Zeichen für ein **Wachstum der Lebenskraft** des Individuums, an das sie sich richtet.

Wenn *Uruz* in deiner Legung auftaucht, sei guten Mutes: Sie ist da, um dir zu sagen, dass das Ende der Prüfungen schnell näher rückt, dass **Ideen und Projekte mit Entschlossenheit und Sicherheit Wurzeln schlagen** werden. Es ist an der Zeit, darüber nachzudenken, über seine Grenzen hinauszugehen, nichts ist mehr unmöglich für diejenigen, die die Entschlossenheit des Auerochsen besitzen. **Deine Erfahrung ist deine Stärke**, schöpfe daraus die für dein Vorwärtskommen notwendigen Ressourcen, ohne jedoch in die Vergangenheit zu blicken. Du bist stark und solide gerüstet, um dich deinem Schicksal zu stellen und ihm zu folgen, ohne es einfach hinzunehmen. Befreie dich von den Dingen, die dir nicht mehr nützlich sind, lasse die Dinge, die dir nicht guttun, sterben, um Platz für das Neue in deinem Leben zu schaffen. Auch wenn diese „Reinigungs"-Momente schwierig sind, solltest du bedenken, dass die neue Form, die du deinem Leben gibst, immer viel besser sein wird als die alte.

Auf dem Kopf stehend deutet sie auf eine **Blindheit** hin, die dich daran hindern kann, Chancen zu ergreifen, wenn sie sich bieten. Denke also immer daran, die Augen und Ohren offen zu halten!

Die auf dem Kopf stehende *Uruz*-Rune kann in deiner Legung auch als **Warnung** erscheinen, dass deine Kraft missbraucht oder sogar gegen dich eingesetzt werden könnte. Es ist nichts Falsches daran, gelegentlich Momente der Schwäche zu erleben. Versuche nicht, sie zu verstecken, sondern finde Lösungen, indem du dich ihnen frontal stellst. *Uruz* regt dazu an, dass du mit Ehrlichkeit und Urteilsvermögen Bilanz über dich selbst ziehst und dabei deine Vergangenheit, deine glücklichen und unglücklichen Erfahrungen berücksichtigst. **Behalte deinen Mut. Du hast die Kraft** in dir, diesen schwierigen Abschnitt zu überwinden.

Kraft, Vitalität
Lebensenergie
Heilung
Erfahrung
Warnung

Thurisaz

In der angelsächsischen Sprache auch Thorn („Dorn“) oder altnordisch Thurs („Riese“) genannt, entspricht diese Rune dem (englischen) Lautwert „th“. Interessant ist, dass diese Rune auch heute noch im isländischen Alphabet verwendet wird. Seine Form erinnert an einen scharfen Dorn an einem vertikalen Ast.

Hintergrund

Ein Mann in einer soliden Metallrüstung, sein Gesicht hinter einem vom Blitz getroffenen Weißdornzweig verborgen, richtet seinen Blick auf uns. Seine Kleidung legt nahe, dass er aus dem Kriegerstand stammt, der in den nördlichen Kulturen hoch geschätzt wird, und die Form der Platten seiner Rüstung erinnert an Fischschuppen, Halbkreise, die in einer engen Reihe angeordnet sind, um den Träger zu schützen und ihm die Beweglichkeit zu geben, sich dorthin zu schleichen, wohin er will. Seine Schultern, die von tödlichen Stacheln bedeckt sind, scheinen an die Dornen der blühenden Pflanze zu erinnern, die er in der Hand hält.

Der Weißdorn hat für viele europäische Länder, in denen er wächst, seit jeher einen ambivalenten, von Geheimnissen umhüllten Charakter. Er bedeckt Hecken und Zäune und schützt und begrenzt das Gebiet mit einem Wall aus kleinen, dichten, unpassierbaren Dornen. Seine weißen Blüten, zerbrechlich und zart, werden mit Reinheit assoziiert, aber sein seltsamer Geruch, der beim ersten Hauch angenehm ist und dann an Schimmel erinnert, hat ihn zu einer Hexenpflanze gemacht, die bei Ritualen und Liebeszaubern verwendet wird.

Niemand weiß, ob die nordischen Völker Weißdorn für solche Zwecke verwendeten, aber die Rune wurde schon früh von den Angelsachsen mit diesem zähen Strauch in Verbindung gebracht, der im

Glastonbury Thorn: Josef von Arimathäa, Hüter des Heiligen Grals, steckte seinen Wanderstab in die Erde, der verwurzelte und zu einem zweimal im Jahr blühenden Weißdorn wurde, Abb. Churchman's cigarette card, Legend's of Britain

Frühling durch seine auffallende Schönheit besticht und die unzähligen winzigen Dornen verbirgt.

Noch heute ist er von dieser gesegneten und geächteten Aura umgeben; er ist der heilige Baum von Glastonbury, dem die Pilger zahlreiche Opfer darbringen, während er gleichzeitig den unheimlichen Ruf innehat, den unter seinen Ästen Schlafenden zu vergiften. Im Mittelalter hieß es, dass man den Blitz von den Häusern fernhalten konnte, indem man ihn zum Weißdorn lockte, ein Bild, das durch den goldenen Blitz dargestellt wird, der den Ast zwar trifft, ohne aber wirklichen Schaden anzurichten. Der Blitz verschont den Krieger, er geht nur durch sein Auge, welches golden glänzt, Symbol der göttlichen Inspiration.

Wie der Weißdorn so ist auch die Rune *Thurisaz* zweischneidig. Aus diesem Grund gehört sie zu den Runen mit der feinsten und subtilsten Handhabung. Es müssen viele Vorsichtsmaßnahmen getroffen werden, wenn wir sie nach unserem Willen beugen wollen, so wie wir Handschuhe nehmen würden, um den Weißdorn zu schneiden. Beschützend, ist sie gleichzeitig auch verletzend, schön und schrecklich zugleich, Liebe und Grausamkeit. Antoine de Saint-Exupéry hat sie in seinem Kleinen Prinzen in eine Rose verwandelt, schön, kapriziös und sensibel, die sein Held nur schwer befriedigen und beschützen kann.

Deutung

Als „Dorn" stellt *Thurisaz* oft das dar, was dich **bedrohen** kann, und gibt dir **gleichzeitig die Schlüssel**, die du brauchst, um dich wirksam davor **zu schützen**. Es handelt sich um eine rohe und ursprüngliche, natürliche und instinktive Kraft, die demjenigen zu Diensten stehen wird, der sie einsetzen will, vorausgesetzt, er weiß, wie man sich ihr nähert!

Es geht also bei dieser Rune nicht darum, alles zu zerdenken, sondern sie ermutigt uns, **dem Schicksal den Kampf gegen die Widrigkeiten zu überlassen**, um aus negativen Erfahrungen zu wachsen und die verzwicktesten Lagen zu nutzen. Sie schützt den Reisenden vor den Gefahren der Reise, die Häuser vor Katastrophen, das Kind vor Grausamkeiten.

Thurisaz ist keine Rune der Aktion. Wie ein **Talisman** strahlt sie Energie aus, um ihre Träger zu schützen **wie ein Schild**. Wenn du sie als Waffe benutzen willst, sei vorsichtig! Warte lieber, lass dich von den Ereignissen mitreißen, die Zeit ist noch nicht gekommen, eine Entscheidung zu treffen. Die Kräfte sind in Bewegung und dürfen nicht durch übereilte Entscheidungen gestört werden. Sei gewiss, dass du geschützt bist, und bleibe ruhig.

Auf dem Kopf stehend kann diese Rune versuchen, eine schlechte Haltung deinerseits oder von jemandem, der dir nahesteht, aufzuzeigen. Überstürzte Entscheidungen, die in Eile, aus Schwäche oder aus unklaren Motiven getroffen werden, können unangenehme Folgen haben, mit denen wir uns jetzt auseinandersetzen müssen. Impulsivität kann manchmal mehr Probleme schaffen, als sie löst. Jetzt ist **Zurückhaltung** gefragt, um die Dinge in Ordnung zu bringen.

Bedrohung
Schutzschild
Talisman
Schicksal
Zurückhaltung

Ansuz

Die vierte Rune heißt Ansuz oder Ase, Ós auf Angelsächsisch und Óss auf Altnordisch; alle diese Bezeichnungen haben die Bedeutung „Gott". Tatsächlich ist diese Rune direkt mit dem Göttergeschlecht der Asen verwandt (der Klang ist sehr ähnlich) und kommt wie dieser Begriff von der proto-indogermanischen Wurzel „ansu".

In einem norwegischen Runengedicht nimmt das „óss“ eine andere Bedeutung an, nämlich die des Wortes „Mündung“, während im angelsächsischen Runengedicht das „ós“ „Mund“ bedeutet. Sie entspricht dem Ton, den unser Buchstabe A erzeugt. Ihre Form erinnert an Strahlen, die von einer vertikalen Achse herabfallen, bildlich ausgedrückt die Gabe der Asen an die Menschen: Wissen und Poesie durch Sprache.

Hintergrund

Auf der Karte steht eine Frau mit dem Rücken zum Betrachter gewandt, die Arme zum Himmel erhoben. Zwischen ihren Handflächen erscheinen Konstellationen, die die Rune bilden, während Odins Raben, Hugin (Gedanke) und Munin (Erinnerung), auf ihren Schultern sitzen. Ihr Haar, losgebunden, kräuselt sich in ihrem Rücken, bis es zu den Zweigen der kosmischen Esche Yggdrasil wird, durchbohrt von einem scharlachroten Pfeil, umgeben von Sonne und Mond, und, versteckt in ihren Wurzeln, dem Auge Odins, das Mimir geopfert wurde.

Wenn die Runen im Wesentlichen alle mit Odin verbunden sind, ihrem Entdecker und Übermittler in der Welt der Götter und Menschen, so ist dies bei der Rune *Ansuz* besonders der Fall. König unter den Asen, ist Odin eine eigentümliche Gottheit, polymorph, mit vielen Namen und Gesichtern, schwer fassbar, von großer Weisheit, manchmal listig, sogar manipulativ. Weder gut noch schlecht, ist er die Naturkraft und alles, was sie hervorbringen kann.

Odin auf seinem Thron, handcolorierter Stich, Ende 19. Jh., nach der Bronze „Wotan" von Rudolf Maison (1854–1904)

Die Hávamál[3], was so viel bedeutet wie „Die Sprüche des Hohen", ist die Botschaft der bäuerlichen Lebensart und des praktischen und magischen Wissens, die er an die Menschheit weitergegeben hat. Darin erzählt er, wie er die Runen entdeckte, indem er neun Tage und neun Nächte ohne Essen und Trinken am Stamm von Yggdrasil hing (einige Legenden besagen, dass er dafür mit einem Speer durchbohrt worden wäre). Am Rande des Wahnsinns, benommen vor Schwäche und Leid, verfiel er dann in eine tiefe Trance, die es ihm erlaubte, in den zufälligen Linien der von der großen Esche heruntergefallenen Zweige die eckigen Formen der 24 Runen des Futhark zu unterscheiden.

3 Eine Sammlung von insgesamt 164 eddischen Strophen, die zu der Lieder-Edda gerechnet werden.

Dies war nicht Odins erstes Opfer. Um Wissen zu erlangen, ging er zu dem Riesen Mimir, dem Hüter der Quelle des Wissens nahe den Wurzeln von Yggdrasil, um einen Schluck davon zu nehmen; ein Privileg, das ihm nur im Austausch gegen eines seiner Augen gewährt wurde, wodurch Odin zu einem einäugigen Gott wurde. Begierig nach Wissen in all seinen Formen, wurde er sogar von der Göttin Freyja in der magischen Wissenschaft Seith unterwiesen, obwohl diese nicht-kriegerische Magie ein Bereich war, der fast ausschließlich Frauen vorbehalten war, den Völven.

Im Skáldskaparmál, dem zweiten Teil der Snorra-Edda, geht Odin in seinem Streben nach Erkenntnis sogar so weit, die Riesen zu täuschen, um ihnen das heilige Met zu rauben. Die Asen und Vanen spuckten abwechselnd in einen Bottich, um ihren Waffenstillstand am Ende des Krieges zu feiern. Aus dieser Mischung wurde ein Wesen geformt, ein Mann namens Kvasir, der so weise war, dass er jede Frage, die ihm gestellt wurde, beantworten konnte, ohne je einen Fehler zu machen. Er reiste um die Welt, um sein Wissen mit den Menschen zu teilen, wurde aber von zwei Zwergen, Fjalar und Galar, ermordet, die, um sein Wissen für sich zu behalten, sein Blut mit Honig zu einem magischen Met verarbeiteten, das jeden, der es trank, in einen gelehrten Dichter verwandelte. Eines Tages ermordeten die Zwerge jedoch zwei Riesen.

Deren Sohn Suttung, der sie rächen wollte, drohte den Zwergen, sie ins Meer zu werfen. Die einzige Rettung für die Zwerge war ihr kostbarer Met, den sie gegen ihr eigenes Leben eintauschten. Suttung nahm das kostbare Getränk mit nach Hause und vertraute es der Obhut seiner Tochter Gunnlod an, die tief in den Bergen lebte. Nachdem Odin die Geschichte gehört hatte, bat er Suttungs Bruder Baugi um einen Schluck des kostbaren Met als Gegenleistung für Farmarbeit (wo er neun Sklaven auf einmal ersetzte), aber vergeblich. Es war aber mehr nötig, um Odin zu entmutigen. Er brachte Baugi dazu, mit einem magischen Bohrer einen Tunnel in den Berg zu graben. Der in eine Schlange verwandelte Gott konnte so Gunnlod und die kostbaren Gefäße mit dem Met erreichen und die junge Riesin für drei Nächte verzaubern, im Austausch für drei Schlucke Met. Aber jeder Schluck entleerte die Behälter. Der listige Odin, der sich in einen Adler verwandelte, floh, gefolgt von Suttung, der ebenfalls zu einem Raubvogel wurde. Kaum in Asgard angekommen, erbrach Odin den Met in einen Kessel, um ihn mit Göttern und Menschen zu teilen. Aber man sagt, dass sein Flug so intensiv war, dass dem Gott ein paar Tropfen Met herausrutschten, jedoch nicht durch seinen Mund … Sie sind der Ursprung dessen, was man den „Teil des Reimschmiedes“ nannte, Gedichte von höchst fragwürdiger Qualität.

Ansuz ist somit das Symbol der Gabe des Wissens und der Poesie, die den Menschen von den Göttern übermittelt wird, und Symbol für die Macht des Wortes. Das Wort kann also kreativ und destruktiv, liebenswert oder verletzend, wahr oder falsch sein. Das gesamte Universum lässt sich in einem einzigen Wort zusammenfassen.

Deutung

Ansuz bezieht sich also auf die **schöpferische Sprache**, auf **Intelligenz** in Wort oder Tat, auf **Weisheit**, auf **Intellekt**. Es ist sehr oft eine Botschaft, die aus Intuition entsteht, eine starke, kreative Inspiration, Träger der Wahrheit und wertvoller Ratschläge. Diese Rune verbessert das Verständnis dafür, wie man eine Situation angemessen angeht. Sie verleiht den **Worten** (die deshalb sorgfältig ausgewählt werden müssen) **große Kraft** und macht sie zu einem mächtigen schöpferischen Werkzeug. Wie Odin ist auch sie ein Spiegelbild der Selbstveränderung, einer sich entwickelnden freiwilligen und wohlüberlegten **Metamorphose**. Sie kündigt eine **Botschaft** an, die empfangen werden soll, ein Geschenk, ein Zeichen, das berücksichtigt werden muss, um voranzukommen. Ihrem Ziel muss immer Gehör geschenkt werden, denn nur Gutes wird dabei herauskommen. Sie ermutigt auch dazu, sich in bestimmten Situationen an eine Person zu wenden, die weiser oder erfahrener ist als man selbst, um wertvolle Ratschläge zu erhalten. Sie kann auch auf eine Verbindung mit dem Göttlichen, den Anderswelten hinweisen.

Auf dem Kopf stehend deutet sie ein **Kommunikationsproblem** an. Worte kommen nicht mehr durch, eine Botschaft wurde missverstanden, eine Darstellung wurde falsch interpretiert, eine Lüge wurde nicht aufgedeckt. Es ist an der Zeit, zur Quelle des gegebenen Wortes zurückzukehren und die **notwendige Klarheit** durch eine **direkte Erklärung** zu erlangen, ohne einen zwischengeschalteten verzerrenden Vermittler. Vorsicht, dieser Vermittler könntest auch du selbst sein: Achte darauf, die Worte anderer nicht falsch zu interpretieren, und akzeptiere die Wahrheit, auch wenn sie nicht immer angenehm zu hören ist. Es wird dich wachsen lassen.

Schöpferische Sprache
Weisheit, Intellekt
Kraft der Worte, Botschaft
Metamorphose
Kommunikationsprobleme

Raidho

Raidho, Rad auf Angelsächsisch oder Reið auf Altnordisch ist die fünfte Rune des Futhark, dessen Name „reiten, reisen" bedeutet. Sie hat viele ähnliche Verben in den heutigen Sprachen hervorgebracht, wie z. B. das englische „ride" (reisen, reiten oder Fahrrad fahren), das deutsche „reiten", das schwedische „rida" (reiten) oder das niederländische

„rijden“ (reiten, reisen, sich bewegen). Die Rune ist dem römischen Buchstaben R sehr ähnlich und wurde früher zur Erzeugung desselben Tons verwendet.

Hintergrund

Das Rad und das Meer sind Symbole, die dieser Rune des Reisens wichtig sind und an Reisen zu Land und zu Wasser erinnern. Das Steuerrad, ein unentbehrliches Antriebselement für jedes Fahrzeug zu Land, ist auch auf Schiffen vorhanden, wo es als Ruder fungiert und das Setzen und Halten eines Kurses ermöglicht. Seine Streben, identisch und gleich weit entfernt, sind ein Symbol für Ausgewogenheit und Fairness, die sich in einer konstanten Bewegung, in einem zyklischen Rhythmus zusammen bewegen, was dem Lauf der Zeit nicht unähnlich ist. In der Vergangenheit wurde das Jahr häufig durch ein Rad symbolisiert, und primitive Kalender wurden fast immer durch eine Kreisform dargestellt, über alle Völker und Kontinente hinweg, von den Maya über die Kelten bis hin zu den Tierkreiszeichen.

In der nordischen Mythologie ist das Reisen ein unverzichtbarer Teil der Entwicklung des Wesens. Odin, ein Gott mit vielen Namen, Gesichtern und Attributen, ist der Reisende schlechthin, der auf der Suche nach Weisheit und Abenteuer auf

Wikingerschiff in einem norwegischen Fjord

Pfaden, Meeren, Straßen und durch dunkle Wälder reist und mit jeder Wanderung die Früchte seiner Entdeckungen erntet. Einer seiner Namen, Wegtam, der mit „vertraut mit den Wegen“ übersetzt werden kann, unterstreicht diesen besonderen Charakterzug seiner Persönlichkeit.

Skandinavische Boote waren übrigens der Ursprung des technologischen Könnens in der Entwicklung der Seefahrt im Mittelalter. Neben dem berühmten Drachenbooten benutzten die Skandinavier auch die Skeide (ein großes Kriegsschiff, das von den Sarazenen übernommen wurde), die Snekke (kleineres Kriegsschiff, das Pferde transportieren konnte), den Kaupskip (Handelsschiff) oder den Byrðingr (Frachtschiff). Obwohl sich diese Schiffstypen in Größe, Material und Verwendungszweck unterschieden, waren sie alle so konzipiert, dass sie flexibel und leicht waren, im Gegensatz zu den Schiffen Südeuropas, deren starre Rümpfe das Gewicht stark erhöhten, wodurch sie schwieriger zu steuern waren.

Symmetrisch zwischen Heck und Bug, konnte das Wikingerschiff sogar in beide Richtungen gesteuert werden, während sein flacher Boden und der geringe Tiefgang es ihm erlaubten, sich sowohl im flachen Wasser als auch auf offener See zu bewegen, während es an der Küste ohne Schaden auf Grund lief, um Männer und Fracht schnell und mühelos von Bord zu bekommen. Der Rumpf aus übereinander gelegten Planken, der leicht zu reparieren und flexibel genug ist, um das Sinken des Schiffes auch unter schwerer Belastung zu verhindern, und sein rechteckiges Segel, das es erlaubt, gegen den Wind zu segeln, runden seine Eigenschaften ab und machen es zu einem Meisterwerk an Einfallsreichtum und Zweckmäßigkeit. Diese Schiffe haben ein großes Erbe hervorgebracht: In Norwegen wird noch immer das Wikinger-Baumodell verwendet.

Als große Reisende waren die Wikinger und die skandinavischen Völker in der Lage, ihr Territorium und ihre Eroberungen sowohl durch Handel als auch durch Krieg auszudehnen und ihren Einfluss überall dort zu verbreiten, wo ihre Schiffe passieren konnten. Es ist sogar wahrscheinlich, dass eine Wikingermannschaft die erste war, die Amerika „entdeckte", da zwischen dem Jahr 1000 (unter der Leitung des isländischen Forschers Leif Erikson) und dem 15. Jahrhundert Migrationsbewegungen über die nordwestlichen Ausläufer des Atlantischen Ozeans stattfanden. Von Grönland aus entdeckte Erikson ein Land in Nordamerika, das er Vinland nannte. Nach ihm gründete Thorfinn Karlsefni 1009 ein Dorf in Neufundland (Straumfjörðr).

Diese Geschichten sind uns durch die Sagen bekannt, in denen sich Realität und Mythos vermischen und in denen große amerikanische Regionen von den Skandinaviern benannt wurden: Grønland (Grönland), Helluland (Baffin Island), Markland (Labrador) und Vinland (Cape Breton), was jeweils „grünes Land", „Land der flachen Steine", „Land der Wälder" und „Land der Reben" bedeutet. Die Überreste des Dorfes Straumfjörðr in Anse aux Meadows, die 1960 entdeckt wurden, bestätigen die Richtigkeit dieser Hypothesen.[4]

Schiffsreisen waren den Wikingern so wichtig, dass Schiffe oft als Begräbnisstätte genutzt wurden: Wenn ein hoher Würdenträger starb, wurde der Verstorbene mit seinem Schiff in einem Grabhügel beigesetzt. Zweifellos war dann die größte Reise diejenige, die den Seefahrer in die Anderswelt führen sollte … Anderswelt, wo übrigens das Schiff Naglfar langsam aus den Nägeln der Toten gebaut wird, geduldig auf Ragnarök wartend, um dann die Riesen in die Schlacht zu befördern, angeführt von Hrymr oder von Loki selbst.

4 Régis Boyer, Island, Groenland, Vinland. Essai sur le mouvement des Scandinaves vers l'Ouest, Éditions Arkhé, 2011.

Auf dieser Karte ist die weiß verschleierte Person ganz der Reise unterworfen, die sie unternehmen will. Sie hält das Steuerrad mit dem Rücken zum Meer in den Händen, sieht es aber nicht mit den Augen, als wäre sie in eine Meditation versunken, die es ihr erlaubt, über ihren eigenen Blick hinaus zu sehen. Jungfräulich in allen Erwartungen und Urteilen, ist sie ein symbolisches Bild für die Reinheit des Herzens desjenigen, der sich auf ein Abenteuer begibt, offen für das Unbekannte und bereit, sich ihm zu stellen, um seine Erfahrungen aufzunehmen und daran zu wachsen. Es ist also hier die Reise, die den Reisenden leitet, und nicht umgekehrt, wie die Augen auf dem Rad, welche die Blindheit der Figur widerspiegeln. In dieser fruchtbaren Hingabe, die durch die reifen Weizenähren, die ihre Stirn umgeben, und die Blumen, die zu beiden Seiten ihres Kopfes blühen, suggeriert wird, öffnet sie sich für das Reisen, sei es körperlich oder geistig, und bereitet sich darauf vor, Vorteile und Gefahren anzunehmen. Dem

Überreste des Wikingerdorfes in Neufundland, Kanada

Schicksal unterworfen, dem man sich manchmal aus der Laune der Intuition heraus hingeben muss, strahlt diese Karte ein kraftvolles Bild der Gelassenheit aus.

Deutung

Raidho ist ein Gefährt, das demjenigen, der ihm begegnet, vorschlägt, an Bord zu gehen und auf einem Weg vorwärtszukommen. Diese Rune bietet Hilfe, um einen schwierigen Weg zu gehen, ist gleichbedeutend mit einer **körperlichen oder spirituellen Reise der Anstrengung, des Fortschritts,** der Entwicklung und dadurch der **positiven Transformation**, die aus einer schädlichen Stagnation hervorgeht. Dadurch können Stärken und Entscheidungen so kanalisiert werden, dass sie dem gleichen Zweck dienen und zu Fortschritten bei der Verbesserung der Situation beitragen. Bei der Planung einer Reise kündigt sie auch an, dass die Reise unter guten Bedingungen stattfinden wird. Es geht auch um Kommunikation und Ausgewogenheit. Wie die identischen Speichen des Rades erinnert es uns an das hermetische Prinzip, **„wie oben, so unten"**,[5] und dass jede Reise des Körpers auch eine Reise der Seele ist.

5 Hermès Trismégiste, La Table d'émeraude et sa tradition alchimique, Éditions Les Belles Lettres, collection „Aux sources de la tradition", 1994.

Diese Rune des **Wandels** kündigt **Heilung** an, eine tiefgreifende Selbstveränderung und ein besseres Verständnis der Kräfte, die uns umgeben und um uns herum wirken. Sie lädt uns ein, mehr an uns selbst zu glauben, Vertrauen in das Leben und unser Schicksal zu haben, ohne sich in Illusionen zu verlieren. Klar und weise öffnet sie die Augen desjenigen, der sie an sich zieht, um ihn **auf den richtigen Weg** zu führen – einen Weg, den er bereits intuitiv kennt. In einer schwierigen Lebensphase ermutigt sie dazu, den selbst eingeschlagenen Weg fortzusetzen, und beruhigt durch die Ankündigung, dass die Erleichterung nahe ist.

Auf dem Kopf stehend lenkt sie die Aufmerksamkeit des*der Fragenden auf die **Sorgfalt**, die er*sie in seinem täglichen Leben und in seinen Beziehungen walten lässt. Einige **Bindungen müssen gelöst werden**, wie die Taue eines Bootes im Hafen: Dies ist die unabdingbare Voraussetzung, um voranzukommen. Es mag nicht leicht sein, diese Bindungen zu lösen, aber am Ende wird dies nur zu größeren und ergiebigeren Fortschritten führen. Immer beruhigend und positiv, wirft sie der*dem Fragenden, der*dem sie erscheint, einen wohlwollenden Blick zu und versichert, dass die Dinge am Ende immer wieder zur Normalität zurückkehren werden. Lebensereignisse, die wir als Fehlschläge, Hindernisse, Blockaden oder den Verlust von Bezugspunkten ansehen, können einfach dazu da sein, uns zu zeigen, dass die Wege, die wir eingeschlagen haben, nicht zu uns passen. Diese Zeichen sind Wegweiser, denen wir nur gehorchen müssen, um den Weg zurückzufinden.

Reisen, richtige Wege
Fortschritt, Entwicklung
Positive Transformation
Wandel, Heilung
Loslassen, Wegweiser

KAUNA

Kauna, manchmal auch Kaun genannt, wird auf Englisch Ken oder Kenaz genannt, was „Fackel“ bedeutet. Sein altnordischer Name ist Kaun, was „Wunde“ oder „Weh“ bedeutet. Diese beiden Bedeutungen, die anscheinend sehr weit auseinander liegen, könnten durch das brennende Gefühl, das durch eine Wunde verursacht wird, miteinander verbunden sein.

Fackel an einer alten Burgmauer

Das Runenzeichen wurde wahrscheinlich durch das lateinische C beeinflusst, dessen Aussprache es teilt, während seine Form im jüngeren Futhark eher dem Buchstaben K in alter Kursivschrift ähnelt. Es wird in der Tat als K ausgesprochen.

Hintergrund

Wenn *Kauna* in seiner Symbolik die Idee des Feuers vermittelt, so ist es vor allem die Fackel, das erleuchtende Feuer, das beherrschte Feuer, das von Menschen und für Menschen entzündet wird, im Gegensatz zum ungezügelten Feuer, das manchmal zerstörerisch wirkt. *Kauna* ist das tosende Feuer im Kamin, die an der Wand befestigte Fackel, die den dunklen Korridor erhellt, die Laterne, die vor dem in der Nacht verlorenen Wanderer geschwungen wird, um seine Schritte zu leiten. Es ist das schöpferische Feuer, das erleuchtet und dem, der es beherrscht, Licht und Wärme schenkt. Heute steht die Kraft des Feuers nicht mehr im Mittelpunkt des menschlichen

Interesses, da sie so einfach zu erschaffen, zu lenken und zu erhalten ist.

Wer denkt noch an seine Kraft und Stärke, wenn man einfach den Knopf am Herd dreht, um sein Essen zu kochen? Der Kamin, der bis vor Kurzem das zentrale Element des Hauses war, ist heute nur noch ein angenehmes Dekorationsmittel in Verbindung mit einem perfekt kontrollierten und gesteuerten Heizsystem. Der Name „Foyer" (französisch = Feuerstelle, Herd, Brennpunkt) ist der einzige Zeuge der inzwischen vergangenen Ära, in der sich das gesamte Leben des Haushalts um eine zentrale Feuerstelle drehte, die Licht, Wärme, Kochen und Trocknen an einem Ort bot. Wer begreift heute noch, dass es ohne Feuer keinen Kamin und kein Haus gäbe – im weitesten Sinne?

Feuer ist auch ein kreatives Werkzeug. Es ist für den Schmied unentbehrlich und ermöglicht die Bearbeitung von Metall zur Herstellung von Werkzeugen (vor allem von landwirtschaftlichen Werkzeugen, z. B. Pflugscharen, um das Land zu bebauen und sich dauerhaft in sesshaften Gemeinden niederzulassen), aber auch von Waffen (zur Verteidigung, aber auch zum Angriff und damit zur Eroberung neuer Ländereien und damit zur Ansiedlung neuer Häuser). Das gesamte Leben der Gemeinschaft hängt eng von der Kontrolle des Feuers ab: von der Geburt, bei der das Neugeborene in der Ecke der Feuerstelle erwärmt wird, damit es der Kälte standhalten kann, über das tägliche Leben, in dem mit geschmiedeten Werkzeugen Getreide und Gemüse geerntet oder Wild getötet wird, das dann gekocht wird, um gegessen zu werden und den Lebensunterhalt zu sichern, bis hin zum Überleben durch Verteidigung oder kriegerische Expansion, die mit dem Tod auf dem Scheiterhaufen endet. Alles beginnt mit dem Feuer, alles kehrt zum Feuer zurück. Mehr noch als die Mutter Erde ist das Feuer ein beschützender Vater, der manchmal bestraft und unerbittlich sein kann, wenn er nicht respektiert wird.

Für das auf der Karte dargestellte Mädchen ist es eine lebenswichtige und unverzichtbare Unterstützung. Sie ist allein, in einem finsteren Wald, dessen Äste ihre dunklen Zweige um sie weben, mitten in der Nacht, unter einem Himmel ohne Sterne. Ihre warme Kleidung schützt sie vor der Kälte, aber das reicht nicht aus. Gefahr kann jederzeit auftauchen und sie in ihren unerbittlichen Klauen gefangen halten. Doch ihr Gesicht ist ruhig und gelassen, der Blick gesenkt auf die leuchtende Laterne, die sie in den Händen hält. Die tanzende Flamme der Kerze, vergoldet wie eine Miniatur und allegorische Sonne, gut geschützt vor ihrem Feind, dem Wind, hinter den Glaswänden, erleuchtet ihren Weg, um sie in einen sicheren Hafen zu bringen. Geführt von dem leuchtenden Feuer geht sie mit geschlossenen Augen, zuversichtlich und vertrauensvoll, denn das Feuer von *Kauna* schützt sie mit Wohlwollen.

Ihr drittes Auge ist weit geöffnet, aufmerksam und zeigt, dass sie ihrer Intuition, ihrer eigenen inneren Flamme, folgt. Der tiefe Wald ist keine Bedrohung mehr, sondern ein Weg, den es zu beschreiten gilt, ein Schritt auf dem Weg dieses „Weißkäppchens", eine Welt voller Geheimnisse, die dank des vom Feuer inspirierten Mutes und der Flamme der Kreativität und Phantasie, die im Herzen eines jeden von uns schwelt, durchdrungen werden kann.

Deutung

Kauna ist zweifellos ein **helles Licht in der Nacht**, eine beruhigende Flamme, die die Dunkelheit mühelos durchdringt. Sie signalisiert oft ein **spirituelles Erwachen**, eine Offenbarung, ein Licht, das auf ein Mysterium oder eine Situation geworfen wird und uns plötzlich mit einer willkommenen Klarheit erleuchtet. Warm und tanzend verstärkt und kanalisiert die Flamme dieser Rune die Energien in uns und um uns herum, bringt eine **Erneuerung der produktiven Kreativität**, die ungehemmt zum Ausdruck gebracht werden muss, während sie gleichzeitig Kraft und Stärke bringt, **strahlende Leidenschaft**, die man für die Liebe oder das Begehren empfindet. Es ist somit das Zeichen einer erfüllten und angenommenen **Sexualität**, die, frei von Scham und Tabus, die Tür zur vollkommenen Verbundenheit mit dem anderen öffnet.

Es ist wahrscheinlich, dass diese Rune nach oder während einer schwierigen Zeit erscheint, um auf **Licht und Erneuerung** hinzuweisen. Sie ist eine Erleichterung nach einer Prüfung, ein Moment, in dem man endlich die **Früchte der Arbeit** erhält, in dem man erntet, was man gesät hat. Sie bringt auch **Klarheit und Weitsicht** für denjenigen, dem sie sich zeigt, und betont die Klarheit von Situationen, anderen und sich selbst gegenüber. Es ist ein Feuer, das aufrechterhalten werden muss, eine Flamme, die man nahe bei sich behalten muss, um im Schatten zu wandeln.

Auf dem Kopf stehend weist sie im Gegenteil darauf hin, dass ein **Mangel an Klarheit** am Werk ist. Vielleicht sieht der*die Fragende, an den*die sie sich richtet, nicht das große Ganze, oder vielleicht gibt es noch Geheimnisse, die vor ihm verborgen sind, die ihm verborgen bleiben. **Eine Beziehung kann ins Stocken geraten**, **verkümmern,** wenn das vitalisierende Feuer durch **Vernachlässigung** am verlöschen ist. Die Flamme ist schwach, aber noch nicht tot. Es ist

Sache des*der Fragenden, sie wiederzubeleben, wenn sie*er sie behalten will. Oder vielleicht ist es an der Zeit, loszulassen und das Feuer anderswo zu konzentrieren, wo wir sein Licht mehr brauchen werden …

Helles Licht in der Nacht
Produktive Kreativität
Spirituelles Erwachen
Erfüllte Sexualität
Mangel an Klarheit

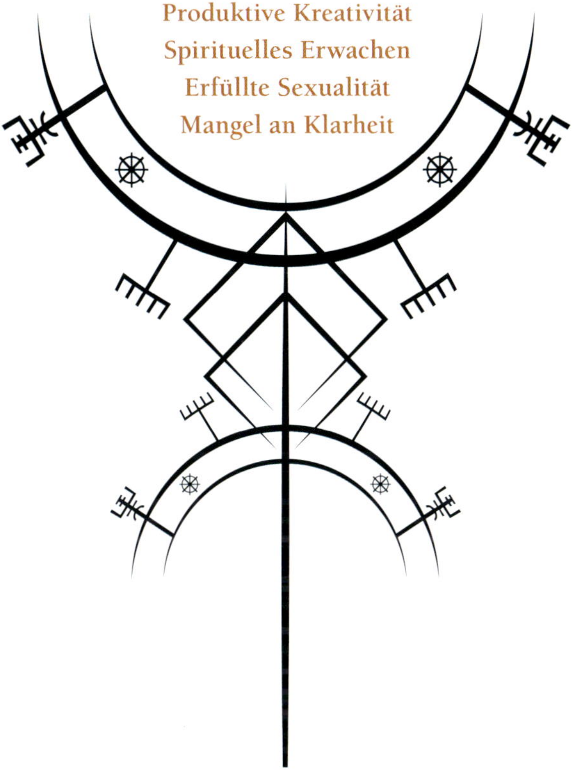

Gebo

Gebo auf Urgermanisch, Gyfu auf Altenglisch bedeutet „Geschenk, Gabe“. Im jüngeren Futhark findet sie sich nicht mehr, und so hat sie keine Entsprechung im Altnordischen, aber sie hat eine sprachliche Verwandtschaft mit dem englischen Verb „give“ („geben“) und dem deutschen Verb „geben“. Der Lautwert der Rune ist „G“. Die beiden gekreuzten Linien, aus denen sie besteht, erinnern an die Gegenseitigkeit des Gebens, wobei Geben genauso wichtig ist wie Nehmen.

Hintergrund

Lange vor der Erfindung des Geldes beruhte der Handel auf einem komplexen System von Tauschhandel, Gegenstand gegen Gegenstand, Gegenstand gegen Material, Gegenstand gegen Lebendiges und Gegenstand gegen Dienstleistung. Die Rune *Gebo* ist die Rune des Austauschs, die eine gewisse Gegenleistung (sei es materiell oder emotional), Gegenseitigkeit und Teilhabe impliziert.

Auf der Karte veranschaulichen die beiden von hinten dargestellten Frauen diese enge Beziehung zwischen dem Geben und dem Nehmen. Sie könnten Mutter und Tochter sein, aber auch zwei Schwestern oder zwei Freundinnen. Die Frau auf der rechten Seite ist auf jeden Fall reich gekleidet, mit einem schweren, elegant bestickten Mantel, mit einem zusätzlichen warmen Kragen aus weichem Fell, dessen Grautöne an den Pelz eines Wolfes erinnern. Als Mutter flechtet sie das Haar ihrer Tochter nach ihrem eigenen Vorbild; ihr eigener Zopf legt sich wie ein Ebenholzrahmen um die Szene, um das Band zwischen ihnen zu markieren, die Zuneigung, die sie durch die Ähnlichkeit des (Zopf-)

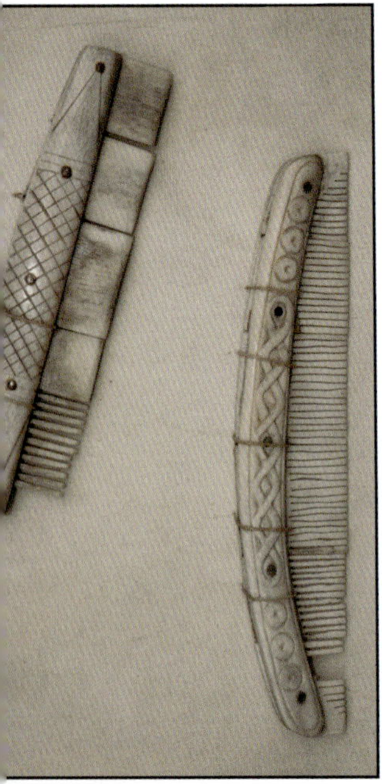

Aus Horn geschnitzte Kämme der Wikinger

Musters vereint, in Bezug auf eine Tradition, die in Liebe und Respekt weitergegeben wird.

Die Körperpflege, insbesondere für Frauen, ist ein heiliger, intimer Moment, ein Rahmen für das Aufblühen von Schönheit und Reife. Insbesondere die Frisur folgt seit Langem einem wichtigen und genauen sozialen Kodex. Bei den nordischen Völkern wurde das Haar sowohl von Frauen als auch von Männern lang getragen, wahrscheinlich in erster Linie, um den Kopf vor der Kälte zu schützen. Die Frisuren der Männer dienten vor allem praktischen Zwecken: Einige rasierten nur den Hinterkopf, wahrscheinlich um zu verhindern, dass sich die Haare in Helmen oder anderen Kleidungsbefestigungen verfingen. Bei den Frauen markiert die Haarlänge die soziale Zugehörigkeit. Für die Feldarbeit waren lange Haare eher eine Last als eine Zierde, daher wurden sie so geschnitten, dass sie die Bewegungen nicht einschränkten. Beim Adel hingegen, wo die körperliche Arbeit Dienern übertragen wurde, galten Haare als

Symbol des Reichtums und wurden daher nur selten geschnitten.

Im Gegensatz zu einem weit verbreiteten Irrglauben hatten die nördlichen Völker, allen voran die Wikinger, im Vergleich zu anderen zeitgenössischen Völkern eine hoch entwickelte Haar- und Körperhygiene. Neben der Hávamál, die uns daran erinnert, vor jeder Mahlzeit die Hände zu waschen, berichten andere Quellen gerne über die Gewohnheiten der skandinavischen Völker, was deren körperliche Hygiene betraf. Jedes große Bauernhaus war auch mit einem im Winter beheizbaren Badezimmer ausgestattet. Die Badewanne nahm dort einen zentralen Platz ein. Die Frauen wuschen häufig die Haare ihrer Ehemänner oder ihrer Verlobten als eine Geste der Zuneigung, eine Idee, die wir hier im gegenseitigen Flechten der Haare wiederfinden. Der Kamm ist einer der häufigsten Überreste, die an archäologischen Stätten gefunden wurden, oft aus Geweih, Walrosselfenbein oder Knochen. In der Wikingerzeit hatten diese Kämme im Allgemeinen zwei Seiten, eine mit breiten Zähnen, um das Haar zu entwirren und zu frisieren, und eine mit feineren Zähnen, wahrscheinlich um Parasiten zu entfernen. Entdeckungen, die in den Gräbern gemacht wurden, zeigten, dass die Kämme der Männer fast immer von einem Etui begleitet waren, das sie schützen sollte, während die der Frauen keines hatten. Dies zeigt, dass der Kamm ein unentbehrliches, kostbares Utensil war, das die Männer auf ihren Reisen, ob kommerziell oder kriegerisch, bei sich trugen. Ohrreiniger und Pinzetten waren ebenfalls sehr beliebte Hygienewerkzeuge, die oft stark verziert waren und wie Schmuck getragen wurden.

Ein arabischer Beobachter, Ibn Fadlân, berichtete, dass Männer ihre Bärte oft mit Hilfe einer stark basischen Seife safrangelb gebleicht haben. Vor ihm hatte bereits Plinius der Ältere erwähnt, dass dieses Verfahren bei den urgermanischen Völkern für Bärte und Haare angewandt wurde, und hinzugefügt, dass dies eine vor allem von Männern angewandte Praxis sei.[6]

Frauen schienen hingegen weniger Wert auf ihre Frisuren zu legen, die den Berichten zufolge einfacher waren als die der Männer. Unverheiratete Mädchen trugen langes Haar, meist offen oder durch ein Stirnband zurückgehalten, manchmal auch geflochten wie auf der Karte. Verheiratete Frauen banden sich die Haare meist am Hinterkopf oder mit einem Knoten am Scheitel zusammen. Diese Frisuren wurden oft mit einer kleinen Mütze, einem Kopfschmuck, meist aber mit einem Netz oder einem Brokatschleier bedeckt. Einst glaubte man, dass eine Kopfbedeckung

6 „Prodest et sapo, Galliarum hoc inventum rutilandis capillis. Fit ex sebo et cinere, optimus fagino et caprino, duobus modis, spissus ac liquidus, uterque apud Germanos maiore in usu viris quam feminis", Plinius der Ältere, Naturalis historia.

für verheiratete Frauen obligatorisch gewesen sei, doch archäologische Funde in Wikingergräbern scheinen das Gegenteil zu beweisen: Die meisten Bestattungen aus dem 9. und 10. Jahrhundert in Birka (Schweden) und anderswo enthielten keine Kopfbedeckung, während sie in christianisierten Gebieten häufiger vorkam.

Gebo zeigt uns, dass der Ritus um die Frisur ein Moment der Freude und des Teilens in Liebe und Zuneigung ist, aber auch ein Übergangsritus, da die Rune auch auf die nackte Schulter des Mädchens tätowiert ist. Wir finden hier die uralte Idee der Fortführung einer Tradition, den Zopf, der den Lebensweg symbolisiert, aber auch Langlebigkeit, Weiblichkeit und Verbundenheit durch seine eng verflochtenen Stränge. Die Form der *Gebo*-Rune selbst erinnert an das Flechtmuster des Zopfes, jene weichen Linien, die sich zu einem einzigen, unteilbaren, einheitlichen Muster kreuzen.

Deutung

Gebo ist eine Rune der **Großzügigkeit**. Wenn es manchmal auf das **Geschenk** von einem selbst an den anderen hinweist, kündigt es oft auch ein Geschenk an. Ein Geschenk, das von einem Verwandten oder von den Mächten der Welt kommt und das in einem glücklichen Augenblick für uns bestimmt ist.

Sie ist auch die Rune der **Vereinigung**, der **Liebe** zwischen Liebenden, Freunden oder Mitgliedern derselben Familie, die sie in einem tiefen Gefühl der **Harmonie** eng zusammenführt. Sie erlaubt es uns, über die Grenzen des Ichs hinauszugehen, in einer sehr gewinnbringenden Verbindung auf den anderen, den geliebten Menschen oder die geliebte Person, zu schauen. Zutiefst sozial verspricht sie Ausgewogenheit in allen Vereinigungen, kündigt einen **liebevollen Austausch** und eine reichhaltige und flüssige Kommunikation zwischen den Lebewesen an. Als **Rune des Teilens** kann sie auch zu Großzügigkeit ermutigen, vielleicht durch ein Angebot an unsere spirituellen Führer oder ein Geschenk an jemanden, der in unserem Leben zählt, in einem Akt selbstloser Großzügigkeit. Sowohl emotional, romantisch, professionell als auch freundschaftlich, auf allen Ebenen ist *Gebo* der Vorbote eines reichen und **gewinnbringenden Teilens**. Aber sie bringt auch Vorteile für das Selbst, indem sie uns erlaubt, uns wieder mit allen Facetten unseres Selbst zu verbinden. Sie ermöglicht es uns, eine gewinnbringende Öffnung zwischen den verschiedenen Aspekten unserer Persönlichkeit herzustellen, und ermutigt uns zu einem wohlwollenden und freundlichen Blick auf uns selbst. Es ist an der

Zeit, dass wir uns erlauben, **Nachsicht mit uns selbst** zu üben und damit die Tür zu einer gewinnbringenden und gesunden Eigenliebe zu öffnen.

Auf dem Kopf stehend ist sie eine der wenigen Runen, die genau die gleiche Form behält; sie ändert daher auch nie ihre Bedeutung.

Großzügigkeit, Geschenk, Teilen
Liebe, Vereinigung
Harmonie
Liebevoller Austausch
Nachsicht

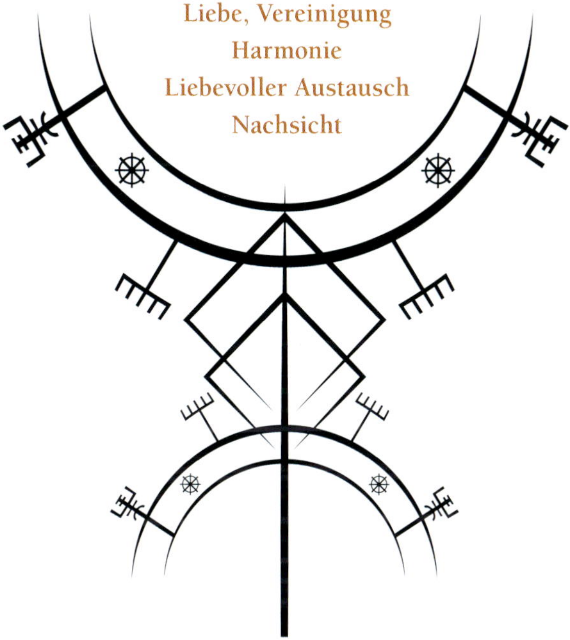

Wunjo

Diese Rune, im angelsächsischen Sprachraum Wynn genannt, bedeutet so viel wie „Freude“. Im jüngeren Futhark findet sie sich nicht mehr, so dass sie keinen entsprechenden altnordischen Namen kennt. Obwohl P-förmig, entspricht sie tatsächlich dem Lautwert [w], welcher im Mittelalter ursprünglich als Verdoppelung des „V“ bzw. „U“ entstand.

Die Form von *Wunjo* erinnert an ein im Wind wehendes dreieckiges Banner auf der rechten Seite; das Clan-Emblem schlechthin.

Hintergrund

Auf der Karte schwenken drei Frauen, die Rücken dem Betrachter zugewandt, eine dreieckige Standarte mit der Rune *Wunjo* nach rechts. Trotz verschiedenartig gemusterter Mäntel tragen die drei Frauen die gleiche Frisur, die am Ende durch ein Geflecht verbunden ist, welches ihre drei Zöpfe miteinander vermischt. So finden wir hier die berühmte magische Kombination vor, die durch die Multiplikation von drei mal drei erhalten wird; die Neun der Schöpfung, der Schwangerschaft und des Ganzen, die den meisten spirituellen Strömungen von gestern und heute am Herzen liegt.

Die Einheit der Clans war bei den alten Skandinaviern, wie bei den meisten vorchristlichen Völkern, ein grundlegender Begriff. Das politische System drehte sich um die Familie, genannt „aett" (ein Begriff, der auch, wie wir gesehen haben, die drei „Familien" der Runen definiert, die das Futhark bilden) oder „kyn", welche für die Gesellschaft von heiliger Bedeutung war. In Island fanden zu jeder Jahreszeit wichtige Zusammenkünfte mit dem Ziel statt, bedeutende gesellschaftliche Entscheidungen zu treffen

Thingvellir National Park, Island, Unesco Weltkulturerbe

und das Leben in den Fjorden zu planen; die sogenannten „Thing“, „Althing“ oder „Leid“.

Den Vorsitz übernahm dabei ein Mann des Gesetzes, der Lögsöguma, der für drei Jahre gewählt wurde. Entgegen einer heute weit verbreiteten Vorstellung war die Rechtsprechung der Wikinger alles andere als blutrünstig; nur die als unverzeihlich geltenden Verbrechen (Vergewaltigung, Raubmord, Homosexualität) wurden mit dem Tode bestraft. Bei geringer eingestuften Verbrechen verhängte man meistens eine Geldstrafe, genannt „Bot“, oder eine Verbannung, die aber einen Zeitraum von drei Jahren nicht überschritt. Hier wird auch noch einmal die starke Symbolik der Zahl Drei deutlich; erstes Zeichen des Gleichgewichts (ein Hocker kann von dem Moment an stehen, wenn er mindestens drei Beine hat) und der Vollständigkeit (ein Anfang, eine Mitte und ein Ende).

Die drei Frauen stellen ein Prinzip der Einzigartigkeit dar und bilden doch gleichzeitig die Basis einer Gruppe, die wiederum durch die Zahl Drei symbolisiert wird. Vereint unter dem Banner stehend, teilen diese Frauen mehr als Freundschaft; die Fahne versinnbildlicht vor allem die Clan-Zugehörigkeit, eine Familie, die nicht notwendigerweise durch Blutsbande definiert ist, sondern auch durch dauerhafte Überzeugungen, durch Herz und Beständigkeit. Heute würden wir die drei Frauen vielleicht als Weise/Heilerinnen betrachten oder als eine Versammlung von Menschen, die magische Rituale ausüben, um ihre gemeinsame Energie zu nutzen, um das Ziel eines Jeden zu erreichen. Hier wird deutlich, wie das Kollektiv dem Einzelnen dienen kann, wenn es auf Werten wie Liebe, Respekt und Einheit beruht. Das reich verzierte Banner, das mit Stolz als Zeichen der Identität geschwungen wird, symbolisiert diese starke Verbindung und erinnert an die mittelalterliche Heraldik. Es ist klar, dass diese drei Frauen, die gemeinsam in die gleiche Richtung vorangehen (ihr Banner hat die Form eines nordischen Kompasses, um den Norden im Blick zu behalten), eine heilige und beständige Verbindung miteinander haben, im Einklang und in vollkommener Harmonie zueinander stehen. In den nordischen Gesellschaften waren die Wikingerinnen, genannt „skjaldmö" („Frauen mit dem Schild"), hoch angesehen, zögerten sie doch nicht, auch auf dem Schlachtfeld ihre Waffen zu erheben, ein Brauch, der bis nach Kurdistan zu finden ist und den Mythos der Walküren begründet.

Deutung

Wunjo ist eine **Botschaft der Freude**, vor allem der Freude, die man in der **Gesellschaft seiner Familie, seiner Angehörigen, seiner Freunde** empfindet und die sich verzehnfacht, wenn man sie teilt. Diese Rune kündet von **Glück, Harmonie in zwischenmenschlichen Beziehungen** und großen Momenten der **Gelassenheit**, besonders nach einer Zeit des Aufruhrs. Das Banner weht im Wind, um uns zu signalisieren, dass es uns erwartet, dass wir den Weg zurück zu unserem Clan, unserer wahren Heimat, gefunden haben.

Wunjo ist ein Bote der **Liebe, der Sinnlichkeit,** der Freude jeglicher Art und von erfüllten Wünschen. Um sich herum und aus sich selbst heraus strahlend, stellt es die verlorene Harmonie wieder her, kündet vom glücklichen Ende einer Zeit der Not und deutet an, dass man von etwas oder jemandem beschützt wird, indem ein Schleier der **Ruhe und des Friedens** über uns ausgebreitet wird. Diese Rune ist immer ein freudiges Omen. Blockaden lösen sich von selbst auf, das Verständnis für die Welt, für sich selbst und für andere nimmt beträchtlich zu.

Auf dem Kopf stehend bedeutet die Karte nichts Negatives, sie zeigt lediglich an, dass etwas mehr **Geduld** aufgebracht werden muss, als du erwartet hättest, um die positive Wirkung zu erfahren. Es wird einige Zeit brauchen, um sich zu öffnen, sich auszudrücken, und einige Hindernisse müssen noch überwunden werden. Aber der Großteil der Arbeit ist bereits erledigt, und die Rune ist eine Ermutigung, auf den letzten Metern des „Kampfes“ nicht aufzugeben. Es ist an der Zeit, die Ängste zu vertreiben und wie eine Skjaldmô die Waffen zu ergreifen, um ihnen ins Gesicht zu sehen. Du hast die Fähigkeit, diese etwas chaotische Zeit auszuhalten und zu überwinden, sodass der **Erfolg in Reichweite** rückt. In dieser umgekehrten Position kann die Karte auch darauf hindeuten, dass uns das Leben in Form einer **Krise** herausfordert, aus der wir letztendlich aber **gestärkt hervorgehen** werden.

Harmonie in zwischenmenschlichen Beziehungen, Freude, Glück

Gelassenheit

Ruhe, Frieden

Geduld

Hagalaz

Hagalaz, im Altnordischen Hagall und im Altenglischen Haegl genannt, bedeutet „Hagel" und eröffnet die zweite aett (Runenfamilie) des Futhark. Sie hat zwei extrem unterschiedliche Schreibweisen. Die erste, hier wiedergegebene und bekannteste, erinnert an ein H, das von einem oder zwei schrägen Querbalken (skandinavisch bzw. merowingisch)

gekreuzt wird. Die zweite, neuere Schreibweise erinnert an ein Sternchen mit einem senkrechten Balken, das von zwei schrägen Querbalken gekreuzt wird. Sie erinnert so an die kristalline Form des Hagelkorns, auf die ihr Name hinweist. Die Rune entspricht normalerweise dem Klang des stimmhaften H und, bei den neuesten Versionen des Futhark, dem Buchstaben X.

Ihre erste, dem H ähnliche Schreibweise, erinnert an ein Dach, das durch einen heftigen Hagelsturm aus dem Gleichgewicht gebracht wurde.

Hintergrund

Auf der Karte wird der durch die Rune hervorgerufene Hagelsturm als vierfacher göttlicher Strahl dargestellt, der direkt in die Pupille einer jungen Frau trifft, die in dem unentwirrbaren Flechtwerk ihrer Zöpfe gefangen ist. Ihr eigenes Haar bringt sie zum Schweigen und blockiert sie. Gefangen in diesem Sumpf, dessen Quelle sie selbst ist, scheint sie langsam in ihr Unterbewusstsein abzugleiten. Doch eines ihrer Augen bleibt offen, aufmerksam und die Zeichen wahrnehmend, um daran zu erinnern, dass jedes Hindernis überwunden werden kann, solange man seine Sinne beisammenhält, egal wie unbeweglich man ist.

Der Zopf, dessen bläuliche Töne an das Element Wasser erinnern, welches mit dem Unbewussten

Hagelsturm über
einer Farm

und der Emotionalität assoziiert wird, ist jedoch im Vordergrund durchtrennt und enthüllt einen goldenen „Nerv“ in seinem Herzen, wie ein lebender Organismus. Man kann seinem Schicksal nicht entkommen, aber man kann es immer unter Kontrolle halten, wenn man weiß, wie man sich darauf vorbereitet. Wir können hier den Widerhall der Riten des Übergangs ins Erwachsenenalter sehen, bei denen das Haar des heiratsfähigen Mädchens zum ersten Mal geschnitten oder geflochten wird, um ihren Eintritt ins Erwachsenenalter zu symbolisieren. Es geht darum, die Entscheidung zu treffen, falsche Überzeugungen aufzugeben, um erwachsen zu werden.

Wie der Eintritt ins Erwachsenenalter, der sich in der Gewalt und Zerstörung der Unschuld der Kindheit vollziehen kann, ist der Hagel eine natürliche Erinnerung an die Vergänglichkeit der Dinge um uns herum, der lange Zeit göttlichen Ursprungs galt. Für Naturvölker, die von Landwirtschaft, Viehzucht und damit von natürlichen Kreisläufen abhängig sind, konnte

Hagel katastrophale Auswirkungen haben. Gewalttätig, abrupt und kurz, konnte er innerhalb weniger Minuten eine Ernte vernichten und das Überleben der Dorfbewohner in der kalten Jahreszeit gefährden und war daher besonders gefürchtet.

Dieses meteorologische Phänomen, das durch den plötzlichen Zusammenprall warmer (aufsteigender) Luftmassen verursacht wird, die die Wolken in die Höhe wachsen lassen, wo ihr Inhalt abrupt gefriert, bevor er zu Boden fällt, war lange Zeit sehr unvorhersehbar und wurde dem göttlichen Zorn zugeschrieben (insbesondere wegen des Paradoxons zwischen der Temperatur am Boden, die manchmal um 30 Grad liegt, und dem Fall des Eises, das mit dem Winter in Verbindung gebracht wird). Mehr als jedes andere Naturphänomen umgibt den Hagel deshalb seit Langem etwas Geheimnisvolles. Es ist daher kaum verwunderlich, dass er eine eigene Rune erhielt, die von der Ambivalenz geprägt ist, die sowohl destruktiv als auch kraftvoll ist.

Deutung

Hagalaz ist meistens ein **Vorbote von Schwierigkeiten**, von Komplikationen, die dort auftreten, wo man sie nicht unbedingt erwartet hat, von unvorhergesehenen und ärgerlichen **Verzögerungen**, von zu überwindenden **Härten**, auf die man gerne verzichtet hätte. Als erste Rune der aett zeigt sie auch das **Ende eines Zyklus** an, manchmal schmerzhaft, aber notwendig, um vorwärtszukommen und das zu reinigen, was nutzlos ist und was durch Gewohnheit, Faulheit oder Routine langsam toxisch geworden ist. Sie kündigt fast immer einen Wandel an, der meist mit einer **radikalen Veränderung** verbunden ist, an die man sich nur schwer anpassen kann. Aber sie in einer Legung auftauchen zu sehen, sollte niemals entmutigen: Sie ist dazu da, um zu **warnen**, dass der Wind sich drehen wird, so dass du dich so gut wie möglich darauf vorbereiten kannst, den Schrecken, den sie ankündigt, zu überstehen. Wenn es sich um eine **spirituelle Prüfung** handelt, ist es nicht ungewöhnlich, dass sie eine Prüfung ist, aus der wir mit einem stärkeren Glauben hervorgehen. Gestärkt durch die Erfahrung von Manifestationen der Kraft, die über uns hinausgehen. Zukünftige Ereignisse werden außer Kontrolle geraten, und das muss akzeptiert werden. Nur wenn wir aufhören, gegen den Strom zu kämpfen und wir uns lediglich vor ihm schützen, wird der Sturm endlich vorbei sein. Sie zeigt an, dass ein **Verlust oder Schaden** auf dem Weg ist. Auch wenn es sich nicht vermeiden lässt, ist es durchaus möglich, sich darauf vorzubereiten und so den Schaden zu begrenzen, damit wir uns nach Beendigung der Krise wieder besser aufbauen können. Denn wie der Hagel ist die von *Hagalaz* angekündigte Krise nur von kurzer Dauer. Sie ist auch eine natürliche **Kraft für Veränderungen**, die notwendig sind, um Freiheit zu erreichen oder wiederzuerlangen und sich von emotionalen Belastungen zu lösen. Es ist an der Zeit, uns von engstirnigen, vorgefassten Meinungen zu befreien, in denen wir uns manchmal unbewusst verzetteln, und die nichts weiter als Hindernisse für unser Vorwärtskommen sind.

Diese Rune hat aufgrund ihrer Symmetrie keine umgekehrte Form.

Schwierigkeiten
Verzögerungen, Härten
Radikale Veränderung
Verlust, Schaden
Kraft für Veränderung

Naudiz

Im Angelsächsischen Nyð und im Altnordischen Nauðr genannt, bedeutet *Naudiz* „Bedürfnis", „Hilfe" (es ist die Wurzel des englischen Verbs „to need", brauchen). Wenn man den Klang notiert, der in unserem Alphabet dem Buchstaben N entspricht, so wird er immer in der Schreibweise einer vertikalen Linie dargestellt, die von einem schrägen

Segment gekreuzt wird, das ein Hindernis, ein Hemmnis für seine Entwicklung bedingt.

Hintergrund

Die auf dieser Karte dargestellte junge Frau ist Skuld, die Norne, die sich in der nordischen Mythologie der Zukunft widmet. Der Name selbst bedeutet auf Altnordisch „Was passieren sollte“, im Sinne von Verpflichtung und nicht von Wahrscheinlichkeit. Bei den alten skandinavischen Völkern ist der Gedanke des Todes äußerst präsent, und jeder Mensch soll mit einem Weg in die Welt kommen, der ihm von den Göttern, den Nornen und den Naturgewalten vorgezeichnet ist. Jeder Mensch, ob er sein Schicksal kennt oder nicht, muss sich für dessen Erfüllung einsetzen, auch wenn es unangenehm ist; andernfalls handelt man gegen den göttlichen Willen und verdammt sich selbst zu Qualen und Verfall.[7]

Skuld blickt hier mit verbundenen Augen nach rechts und damit in die Zukunft, ihre Schwester Urd, über die wir bereits gesprochen haben, nach links, die die Rune *Uruz* ziert, die Norne der Vergangenheit. Die Nornen brauchen nicht die Sicht der Augen, sondern die der Intuition, die nur durch körperliche Blindheit

7 Régis Boyer, Yggdrasil, la religion des anciens Scandinaves, Éditions Payot, 2007.

möglich ist. Das Auge, das auf ihrer Hand tätowiert ist, erinnert daran: Sehen entsteht durch Handeln, durch „Tun“, und nimmt einen aktiven Wert an, im Gegensatz zu der passiven Vorstellung, die durch einfache Beobachtung angenommen wird. Durch sein Handeln folgt man der Leitlinie seines Schicksals.

Skuld, die Norne der Zukunft am Weltenbaum Yggdrasil, Illustration aus dem Jahr 1874

Diese Hand mit dem Auge schiebt in der Tat die Fäden beiseite, die die (Sternen-) Konstellation im Hintergrund bilden, als wären sie ein Hindernis, das beseitigt werden muss, um seinen Weg fortzusetzen. Die junge Frau, die so von diesem Hindernis befreit ist, bereitet sich darauf vor, voranzukommen, aber es ist noch nicht alles so geregelt, dass sie unter den bestmöglichen Bedingungen Fortschritte erzielen kann. Die Ziegenhörner auf ihrem Kopf, eine kosmopolitische Anspielung auf die römischen Satyrn, sind ein Zeichen von Wildheit und List: Die Ziege ist ein kämpferisches Tier, aber auch schlau und genial, fähig zu großer körperlicher und geistiger Beweglichkeit. Möglicherweise muss sie diese tierischen Eigenschaften nutzen, um sich zu verteidigen und die letzten Barrieren niederzureißen, die noch zwischen ihr und ihrem Ziel stehen.

Die wiederkehrende Rune auf ihrem Ohrläppchen erinnert wie ein Schmuckstück diskret daran: Die Schlacht ist noch nicht vorbei, aber das Schicksal wird dafür sorgen, ihr ins Ohr zu flüstern, was sie braucht, um siegreich aus ihr hervorzugehen und daran zu wachsen.

Deutung

Naudiz ist eine anmutige, oft schwierige Rune, die **Hindernisse, Stressphasen, Ängste** und **Schwierigkeiten** ankündigt. Sie signalisiert eine Notwendigkeit, eine Prüfung, die wir durchlaufen müssen, um auf unserem Weg voranzukommen, was viel Geduld und manchmal auch List erfordert, um sie zu überwinden. Bei *Naudiz* ist es an der Zeit, in eine Phase der **Introspektion** einzutreten, um **Bilanz** über den zurückgelegten Weg zu ziehen und zu versuchen, einen Blick auf sein Schicksal zu werfen, um die echten Hindernisse auf dem Weg dorthin zu neutralisieren. Man muss sich immer vor Augen halten, dass selbst aus den schwersten Zwängen etwas zu lernen ist.

Diese ambivalente Rune kann auch die **Selbstsabotage** betonen, die **Hindernisse und Begrenzungen**, die wir uns manchmal (oft unbewusst) auf unseren Wegen aufbauen, entweder weil wir kein Vertrauen in uns selbst haben oder weil wir instinktiv wissen, dass der Weg, auf dem wir uns befinden, nicht der richtige für uns ist. Unabhängig davon, ob diese Barrieren selbst oder von anderen errichtet wurden, müssen sie in jedem Fall angegangen werden und dürfen keinesfalls stagnieren, auch auf die Gefahr hin, dass es bedeutende Auswirkung auf unser Wohlbefinden haben könnte.

Es ist an der Zeit, unsere **eigene Schattenseite** zu erkunden, die Lasten, die wir tragen, und die Negativität, die wir manchmal auf andere projizieren. Weit davon entfernt, ein Teil von sich selbst zu sein, den man verleugnen und ersticken kann, muss man auf den Schatten hören und ihm Beachtung schenken. Erkenne selbst, was möglicherweise das „Unglück" anzieht, unter dem du leidest, identifiziere seine wahre Quelle, überwinde die Verleugnung und nutze diese Entdeckungen über dich selbst als Sprungbrett, um dich weiterzuentwickeln. *Naudiz* ist sicherlich eine schwierige Rune, aber sie lädt auch dazu ein, sich selbst auf eine nachsichtigere und authentischere Weise zu betrachten. Es werden **Opfer** zu bringen, **Pläne zu revidieren**, Entscheidungen zu treffen und vielleicht

Dinge aufzugeben sein. Aber es ist eine Arbeit, die getan werden muss. Es ist möglich, Beschränkungen, wenn schon nicht in Gewinne, so doch zumindest in leichtere Lasten umzuwandeln: Wenn ein Sturm dich daran hindert, die Reise zu machen, die du dir so sehr gewünscht hast, kannst du vielleicht diesen Moment des Rückzugs nutzen, um dich um dein Zuhause zu kümmern.

Diese Rune hat keine umgekehrte Form.

Hindernisse, Stress, Angst
Introspektion, Bilanz
Selbstsabotage
Eigene Schattenseite
Pläne revidieren

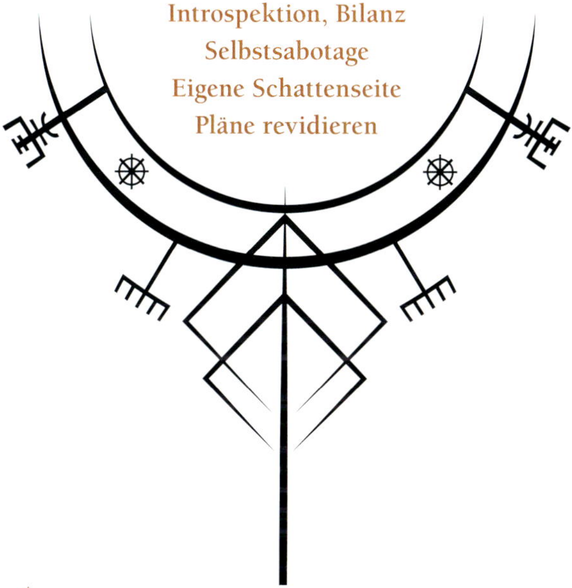

Isaz

Der Name Isaz auf Urgermanisch, Is auf Angelsächsisch und Isa auf Altnordisch bedeutet jeweils „Eis“. Das deutsche Wort „Eis“ und das englische Wort „ice“ gehen direkt auf diese Rune zurück. Sie wurde verwendet, um den durch den Buchstaben „I“ erzeugten Ton zu kodieren. Ihr Aufbau ist der einfachste, der grundlegendste aller Runen, und bezeichnet eine Idee der Unbeweglichkeit, wie ein vom Frost gefrorener Stalaktit.

Hintergrund

Wie die vorherige Karte stellt diese Abbildung von *Ísaz* eine der drei Nornen dar, die dritte und letzte, die Gegenwart, Verdandi. Ihr Name, abgeleitet von dem altnordischen Verb „verða" (werden), bedeutet: „Was geschieht". Während Urd (auf der *Uruz*-Rune) und Skuld (auf *Naudiz*) nach links (Vergangenheit) bzw. rechts (Zukunft) blickten, schaut Verdandi geradeaus auf uns und ist im Augenblick. Die Vorstellung von der Gegenwart ist ein schwieriges Bild, denn sobald sie benannt wird, ist sie bereits verschwunden und gehört somit bereits der Vergangenheit an. Dies ist wahrscheinlich der Grund, warum ihr dieser Name gegeben wurde, der im Französischen auch „Geschenk" (présent = Gegenwart bzw. Geschenk) bedeutet: Der gegenwärtige Moment ist ein Geschenk, das man genießen sollte, bevor es in die Vergangenheit übergeht. In der Wahrsagerei ist dies ein Begriff, dem viel weitere Grenzen zugeschrieben werden: Die Gegenwart umfasst Dinge, die in der Vergangenheit begonnen, aber noch nicht abgeschlossen wurden, sowie Projekte, die bereits Formen in unseren Gedanken angenommen, jedoch noch nicht das Stadium der konkreten Verwirklichung erreicht haben.

Verdandi, die Norne der Gegenwart, am Weltenbaum Yggdrasil, Illustration aus dem Jahr 1874

Diese sehr winterliche Rune bezieht sich auf die Idee des Winterschlafs. In den skandinavischen Ländern ist der Winter eine sehr harte Jahreszeit, in der der Mensch, der im Gegensatz zu Bären oder Schlangen nicht in der Lage ist, sich bis zum Frühjahr in einen lethargischen Zustand zu versetzen, trotz der Elemente überleben muss. Bei den alten skandinavischen Völkern gab es nur zwei Jahreszeiten, die „misseri" genannt wurden. Die Sommer-Misseri, die etwa von Mitte April bis Mitte September dauerte, konzentrierte sich auf Ackerbau und Viehzucht, um die andere Hälfte des Jahres, die Winter-Misseri, zu überleben. Der Winter, der sich spätestens Mitte November festgesetzt hatte, war oft sehr hart, mit viel Schnee, Eis und Schneestürmen.

Darüber hinaus verleiht die nördliche Lage dieser Länder den Wintermonaten extrem lange Nächte, was die Härte dieser Jahreszeit und die Empfindung der Immobilität, die sie mit sich bringt, noch verstärkt. Die Menschen bleiben zu Hause im Hauptteil des Hofes, der

„skali" genannt wird. Die Frauen spinnen und weben, um Kleider und Wandteppiche herzustellen (man beachte, dass Odins Frau, Frigg, selbst mit dem Faden der Nornen spinnt, um im Winter das Schicksal der Menschen zu weben). Die Männer ihrerseits nutzen diesen erzwungenen Rückzug, um durch das Pflügen und Ernten beschädigte Werkzeuge zu reparieren, zu schnitzen, Werkzeuge und Waffen für die kommenden Feldzüge zu schmieden und sich um die Tiere zu kümmern, die im benachbarten Raum/Gebäude untergebracht sind (und so den Haushalt mit ihrer eigenen Körperwärme zusätzlich beheizen). Die Momente der Entspannung sind angefüllt mit Geschichten am Kamin und Brettspielen, die Erwachsene und Kinder zusammenbringen. Die Jagd und der Fischfang gehen weiter, und die für diese Aktivitäten verwendete Ausrüstung (Skier und Schlitten) werden im Sinne eines spielerischen Wettkampfes auch für den Wintersport eingesetzt.[8]

Ísaz zeigt, wie ihr Name schon sagt, einen äußerst kurzlebigen Moment der Unbeweglichkeit an, oft eingezwängt, als ob die Zeit in diesem gegenwärtigen Moment „eingefroren" wäre. Sie ist die Gegenwart, die erstarrt, anstatt in die Zukunft zu fließen; das Hindernis, das den natürlichen Fluss der Zeit behindert. Wie ihre Schwestern hat auch die Norne der Gegenwart

8 Régis Boyer, La Vie quotidienne des Vikings (800-1050), Éditions Hachette, 1993.

verbundene Augen, um ihr inneres Sehen (ihre Visionen) zu öffnen, und auf ihre Hände gemalte Augen, deren Daumen die Fäden spreizen, die die (Sternen-) Konstellationen im Hintergrund bilden. Sie bleibt jedoch unbeweglich: Das Auseinanderziehen dieser dünnen Linien reicht nicht aus, um sie zu durchbrechen, ihr Fortschritt wird dadurch gestoppt. Doch die Zeit fließt um sie herum, das Blau der Nacht und des Winters auf der linken Seite, das Gelb-Orange des Tages und des Sommers auf der anderen. Diese beiden Facetten sind durch die Konstellationen verbunden, als ob sie zeigen wollten, dass sich die Welt auch ohne sie weiterdreht. Ihre Hände ziehen die Fäden wie Spinnweben auseinander, um ihr Gesicht hindurch zu lassen, denn sie beginnt gerade erst, sich dieses Hindernisses bewusst zu werden und zu erwägen, sich ihrer Fesseln zu befreien.

Deutung

Ísaz ist eine **statische, starre Winter-Rune**. Sie deutet darauf hin, dass wir es mit Blockaden zu tun haben, mit spannungsgeladenen Dingen, oft mit erzwungenen Stopps, sogar mit Momenten des **Bruchs** oder der **Trennung**, in denen es schwierig ist, voranzukommen. Sie ist auch eine Rune der **Selbstbeherrschung** (die manchmal bis zum Äußersten getrieben wird und daher eher einer negativen Idee gleichkommt, da sie **starr und weit von der Natur entfernt** ist) und der initiatorischen Einsamkeit. Wie ein Einsiedler, der sich von der Welt zurückzieht, um nachzudenken, und sich von den räumlich-zeitlichen Zwängen des weltlichen Lebens befreit, so ist die Rune *Ísaz* eine **Höhle im Herzen des Winters**, in die man sich **zurückzieht**, um Winterschlaf zu halten.

Positiv gesehen verbessert sie die **Konzentration**, hilft bei der **Meditation**, indem sie flüchtige Gedanken bändigt und die Energien in und um dich herum kontrolliert. Negativ ist, dass sie an einem statischen und eingeschränkten Verhalten festhält und darauf hindeuten kann, dass wir **unter einer Maske ersticken**, die wir uns zwingen zu tragen, um in eine Form zu passen, die uns nicht passt und uns blind macht.

Ísaz kündigt Momente an, in denen man sich machtlos fühlt und nur leiden kann, ohne dass die geringste Handlung oder das geringste Opfer in der Lage wären, den unerbittlichen Lauf der Dinge zu ändern.

Aber sie lädt uns auch dazu ein, einen Schritt zurückzutreten und zu versuchen, zu verstehen, warum ein Projekt, eine Aktion oder ein Moment in unserem Leben nicht mehr vorankommt. Mit dieser Rune ist es möglich, sich **energielos** zu fühlen: Dabei ist es wichtig zu verstehen, was dieses Phänomen wirklich verursacht, um ihm entgegenwirken zu können. Sie lädt uns auch dazu ein, **loszulassen**, um Situationen nicht noch mehr zu blockieren: Manchmal kann die **Blockade von innen** kommen, und das Aufgeben kann der beste Weg sein, um auf einem neuen Weg voranzukommen.

Ísaz verkörpert auch eine fatalistische Vorstellung, eine **Blockade durch eine äußere Kraft**, gegen die man nichts tun kann und die man einfach überleben muss, wie den Winter. Wenn die Unbeweglichkeit von einer externen Kraft herrührt, ist es vielleicht an der Zeit, diese erzwungene Stagnation zu nutzen, um Kräfte zu sammeln und Reserven sinnvoll zu nutzen. Es ist eine Zeit, in der man sich ohnehin nur auf sich selbst verlassen kann, eine Zeit, um die Saat auszusäen, die erst in der Zukunft keimen wird, wenn die Bedingungen günstiger sind. Als Rune der Untätigkeit lädt sie zum Warten und zur Geduld ein.

Diese Rune hat keine entgegengesetzte Form.

Eiszeit, Rückzug, Winterruhe
Selbstbeherrschung
Meditation, Konzentration
Blockaden
Loslassen

Jeran

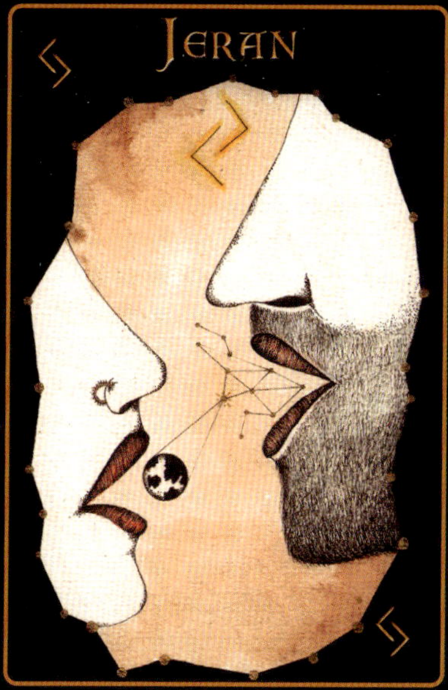

Ger im Angelsächsischen, Ar im Altnordischen, Jeran oder Jera im Urgermanischen bedeuten alle „Jahr“ oder „Ernte, Fülle“. Es ist die einzige Rune, die in zwei verschiedene Einheiten geteilt ist, da sie im Laufe der Jahrhunderte viele Variationen erfahren hat. Im älteren Futhark (die ältesten Inschriften werden auf das 2 Jh. n. Chr. datiert)

werden zwei Runen ähnlich der Kauna-Rune dargestellt, die in einem versetzten Muster von Angesicht zu Angesicht angeordnet sind. Sie kodiert den Klang [j], wie er zum Beispiel im Wort „Ja" erzeugt wird oder dem Buchstaben „y" wie im Wort „Yacht".

Hintergrund

Ein Mann und eine Frau, die nur mit dem unteren Teil ihres Gesichts zu sehen sind, scheinen miteinander zu sprechen. Ihre Lippen bilden die Rune *Jeran*, als Echo der im Hintergrund gezeichneten Rune selbst. Ihr Dialog scheint fruchtbar zu sein, der Welt nach zu urteilen (symbolisiert durch einen kleinen Planeten Erde) die aus dem Mund der Frau hervorgeht, um sich der komplexen (Sternen-)Konstellation anzuschließen, die aus dem Mund des Mannes entspringt. Die Schöpfung entsteht aus ihrem Austausch. Vielleicht wird sogar ein Kuss folgen, um dieses fruchtbare Teilen zu besiegeln, das Versprechen einer anderen Verbindung, die Voraussetzung für die Geburt einer anderen Einheit, entstanden durch die Verschmelzung der ersten beiden: ein Kind.

Die männlichen und weiblichen Pole waren schon immer die Grundlage der Weltentstehungslehren der meisten vorchristlichen Völker, bei denen die Erde (weiblich) durch den Kontakt mit dem Himmel (männlich) mittels Regen (der an männlichen Samen erinnert) fruchtbar wurde. Denken wir z. B. an das berühmte mythologische Paar Gaia und Uranus. Es ist interessant, dass bei den Ägyptern das Phänomen umgekehrt ist: Nut, Göttin des Himmels, erstreckt sich über Geb, Gott der Erde, um ihn zu befruchten und so Leben zu schaffen.

Buri, Stammvater der Götter, wird von Audhumbla aus dem Eis befreit, Tinte auf Papier, Lieder-Edda, 1764

Die nordische Weltentstehungslehre geht von einem ursprünglichen Nichts aus, beschrieben als ein bodenloser Abgrund namens „Ginnungagap" (was im Altnordischen „klaffende Leere" bedeutet), der im Norden von Niflheim begrenzt wird, einem Land aus Eis und Winter, das in ewige Nacht und Nebel getaucht ist, und im Süden von Muspellheim, einer Welt aus Flammen und Lodern, wo es bei überwältigender Hitze ewig Tag ist. In Ginnungagap schmolzen die vom Norden eindringenden Eisströme (Elivagar) in der aus Muspellheim im Süden kommenden Glut. Im Aufeinandertreffen der Elemente entstanden der

Riese Ymir und die Urkuh Audhumbla, aus deren Euter vier Flüsse mit Milch flossen, um Ymir zu ernähren. Aber die Kuh musste sich auch selbst ernähren. Das tat sie, indem sie das Eis um sie herum leckte. Nach und nach entdeckte sie am ersten Tag ein Haar, am zweiten Tag einen ganzen Kopf, und schließlich befreite sie am dritten Tag ein ganzes Wesen, Buri, von seinem Eispanzer.

Im Schlaf gebar Ymir durch das Aneinanderreiben seiner Füße einen „Sohn", Thrudgelmir, einen sechsköpfigen Riesen. Buri stand ihm in nichts nach, da auch er einen Sohn gebar (einfach Burr genannt, was auf Altnordisch „Sohn" bedeutet). Und so begannen die Giganten, sich in diesem unwirtlichen Universum fortzupflanzen und zu gedeihen. Einer von ihnen, Bolthorn, hatte eine Tochter namens Bestla, die sich mit Burr vereinte, um drei Söhne zu zeugen, die zu den ersten Göttern der nordischen Mythologie wurden: Odin, Vili und Vé.

Es kam ein Tag, an dem die Götter der Herrschaft der Giganten ein Ende setzen wollten (ein Thema, das in den Mythologien der ganzen Welt reichlich vertreten ist, man denke insbesondere an die Titanomachie der griechischen Mythologie) und Ymir töteten. Aus seinem Leichnam heraus haben sie die Welt geformt: Nachdem sie die anderen Riesen in seinem Blut ertränkt hatten (bis auf ein Paar, dem die Flucht gelang und dank dem die Rasse der Eisriesen fortgesetzt wurde), machten sie sein Fleisch zur Erde, sein Blut zu Meeren, Seen und Flüssen, seine Knochen zu Bergen, seinen Schädel zum Himmelsgewölbe, sein Gehirn zu den Wolken, die den Himmel überquerten, seine Zähne zu Steinen und Felsen und seine Augenbrauen zu einem großen Bollwerk, um sich vor den überlebenden Riesen zu schützen. Aus den Würmern, die im Leichnam Ymirs herumkrochen, machten sie bewusste und intelligente Wesen, die sie zu einer vagen menschlichen Gestalt formten: Es waren die Zwerge, die die Erde durchsuchten, wie die Würmer das Fleisch durchsuchten. Die Götter gaben vier von ihnen, Nordri, Sudri, Westri und Austri, eine besondere Rolle, nämlich die, die Welt an ihren vier Ecken zu stützen, und schufen so die vier Himmelsrichtungen.

Das Weltbild der nordischen Mythologie ist eines der komplexesten der europäischen Kosmogonien, zweifellos wegen der Härte des Klimas und der Rauheit der Landschaften. In den skandinavischen Ländern waren die Menschen mehr als anderswo dem Lauf der Jahreszeiten unterworfen und mussten versuchen, unter den bestmöglichen Bedingungen zu überleben. *Jeran* stellt das unendliche und zyklische Rad der Jahreszeiten dar, mit seinen beiden entgegengesetzten Runen, Winter und Sommer, Härte und Fülle, in einem Kreis ohne Anfang und Ende.

Deutung

Diese Rune symbolisiert die **Ernte**, einen **Zyklus**, der endet, und einen anderen, der beginnt. Wir erhalten das Ergebnis einer vergangenen Aktion, wir gewinnen die Früchte unserer Bemühungen, **wir ernten, was wir gesät haben**. Positiv gesehen, kündigt sie oft eine **Belohnung** an, das Ende einer Zeit der Unruhe, um in einen ruhigeren und gelasseneren Moment einzutreten, und belohnt Beharrlichkeit. Ermutigend drängt sie darauf, eine gut gelaufene Handlung zu erneuern, ja sogar zu entwickeln, neue **Samen zu pflanzen** (ob metaphorisch oder nicht, sie ist auch eine **ausgezeichnete Rune für den Garten!**). Das **Wachstum** des Fortschritts **wird beschleunigt**, aber immer unter Beachtung eines natürlichen und notwendigen Zyklus: Es hat keinen Sinn, die Dinge zu überstürzen, die Ergebnisse werden kommen, dies versichert die Rune *Jeran*.

Als **Langzeit-Rune** ist sie eine der wenigen, die einen zeitlichen Index liefern kann: Wenn du nach einem Ergebnis suchst, kündigt sie an, dass es **innerhalb eines Jahres oder einer Saison** (je nach Fragestellung) eintreten wird.

Die Vorteile von *Jeran* sind jedoch nicht als selbstverständlich anzusehen. Genauso wie die Samen, die aufgekeimt sind, sorgfältig kultiviert werden müssen, während man auf die zukünftige Ernte wartet, müssen die Vorteile, die diese Rune mit sich bringt, sorgfältig **bewahrt und kultiviert** werden, auf dass sie, so gefördert, gesunde und ergiebige Früchte tragen werden.

Diese Rune hat keine umgekehrte Form.

Ernte, Zyklus
Belohnung
Bewahrung und Kultivierung
Wachstum
Zeitangabe: Jahr
oder Saison

Iwaz

Eihwaz oder Iwaz (Eoh im Angelsächsischen), bezeichnet den Baum Eibe. Im jüngeren Futhark findet sie sich nicht mehr, weswegen diese Rune keinen Namen im Altnordischen hat. Das Urgermanische selbst ist von unklarer Herkunft, da es sich auf zwei Wörter beziehen kann: „wenn“ und „Eibe“, ihaz und das sächsische iwaz (letzteres bedeutet im

Altenglischen íw, „if“ und im modernen Englischen Yew, Eibe und im Altnordischen yr, Eibe).

Der allgemein akzeptierte Name für diese Rune, *Iwaz*, ist daher eine ziemlich gewagte Rekonstruktion dieser alten Begriffe. Auch der von ihr kodierte Klang ist umstritten: Er könnte einem heute ungewöhnlichen, urgermanischen Phonem entsprechen, das mit * 2 kodiert ist, einer Art verlorener nasaler Vordervokal, dessen Klang daher schwierig zu definieren ist. Der Einfachheit halber verwenden es heute einige, um den Klang „eo“ oder „ei“ zu erzeugen, aber dies ist nur eine moderne Verwendung, die nicht dem Original entspricht. Ihre Form erinnert an die Form der Rune *Sowilo*, mit der sie nicht zu verwechseln ist: *Iwaz* stellt einen Haken dar, ähnlich einem Fleischerhaken, der eine Verbindung zwischen der Welt oben (die der Lebenden) und der Welt unten (die von den Toten besetzt ist) herstellen soll.

Hintergrund

Die Eibe ist ein Baum, der schon immer mit dem Tod in Verbindung gebracht wurde. Neben ihrer großen Giftigkeit (sie ist eine der giftigsten Pflanzen unserer Flora) sind es vor allem ihre bemerkenswerte Überlebensfähigkeit und ihre Langlebigkeit, die sie zum Baum der Toten gemacht haben. Manche Bäume

Zwei mächtige alte Eiben umrahmen das Portal von St. Edwards, Stow-on-the-Wold, Cotswolds, Großbritannien

erreichen leicht ein Alter von tausend Jahren, und seine glänzend dunkelgrünen, fast schwarzen Nadeln erinnern an die Farbe der Trauerbäume in europäischen Ländern. Er hält extremen Temperaturen stand und kann viele Wunden regenerieren. Es ist daher kaum verwunderlich, dass dieser Baum mit seinen bemerkenswerten Eigenschaften nicht unbemerkt geblieben ist.

Solide und flexibel zugleich, war es das beste Holz für die Herstellung von Bögen, die im Krieg, aber vor allem bei der Jagd verwendet wurden. Der Gebrauch von Eibengift bei den skandinavischen Völkern ist nicht mit Sicherheit belegt, aber es ist bekannt, dass die Kelten davon Gebrauch machten, indem sie die Spitzen ihrer Pfeile mit seinem Saft bestrichen, um sie noch furchterregender zu machen. Diese doppelte Assoziation mit dem Bogen, einem Instrument des Todes, aber auch des Lebens (da das mit dieser Waffe getötete Tier zur Ernährung, Bekleidung und Ausstattung einer Familie verwendet werden sollte), machte die Eibe zu einer Brücke zwischen den Toten und den Lebenden.

Auf der Karte rahmen die tiefgrünen Äste der Eibe einen bleichen menschlichen Schädel ein, Symbol für Tod und Bewusstsein, da er das Gefäß des Gehirns und damit der Vernunft und des Gedächtnisses ist. Sein fehlender Zahn erinnert uns an die berühmte, in der populären Vorstellung immer noch stark verankerte Tradition der schicksalhaften Vorhersagen (wer hat nicht schon in einem Traum von einem ausgefallenem Zahn ein Omen des Todes gesehen?), da Zähne, die es uns ermöglichen, uns zu ernähren, die Garanten unseres Überlebens sind.

Dieser Schädel ist alt, wie die Risse zeigen, die ihn durchziehen. Er erinnert uns an die Vergänglichkeit (Vanitas), an jene Stillleben mit einem Schädel, die es seit der Antike gibt, die aber ihren Höhepunkt im 17. Jahrhundert fanden, ein Memento mori (lat. „Sei dir der Sterblichkeit bewusst"), das uns an die unvermeidliche Sterblichkeit erinnern soll.

Unter den alten Skandinaviern wurde der Tod als eine Rückkehr zum Heiligen gesehen. Vor allem die schwedischen Wikinger, die von den Slawen „Rus" genannt wurden (die Russland ihren Namen gaben), hinterließen viele Spuren ihrer Begräbnisriten. Der Verstorbene wurde in der Regel eingeäschert, nachdem er etwa zehn Tage lang (so lange dauerte es, bis ein Leichengewand für ihn angefertigt war) in einem Gebäude, das seiner Ruhe gewidmet war, beigesetzt wurde. Die ärmeren Verstorbenen wurden in Holzboote gelegt, die in Brand gesteckt wurden, die Wohlhabenderen ließen ihre Besitztümer zwischen ihren Familien teilen und gaben die Herstellung ihres Leichengewandes und die Zubereitung eines heiligen Getränks, des Erfiöls oder Beerdigungsbiers, das während der Zeremonie und der Feierlichkeiten getrunken wurde, in Auftrag. Es war üblich, dass die Sklaven der Verstorbenen Selbstmord begingen, um zusammen mit ihrem Herrn verbrannt zu werden (oft war es nur eine junge Frau, die sich freiwillig meldete, aber bei manchen Riten folgten alle Sklaven ihrem Herrn aus freien Stücken in die andere Welt). Diese Opfer wurden vor der eigentlichen Beerdigung geschmückt, nahmen an den Feierlichkeiten teil, die in Freude und Gedenken stattfanden, verzehrten das Erfiöl und nahmen oft an sexuellen Aktivitäten teil, ein Symbol der Auferstehung und der Liebe für den Verstorbenen. Das Boot, in dem die Einäscherung stattfinden sollte, wurde auf einem Holzgerüst befestigt und einem Ritual unterzogen, um die Reise des Verstorbenen ins Jenseits zu gewährleisten. In das Holzboot wurde der Verstorbene auf einem bequemen Bett aufgebahrt, umgeben von seinen persönlichen Besitztümern und den Dingen, die er für seine Reise braucht (Lebensmittel, Waffen, Kleidung, Stoffe, Musikinstrumente, duftende Blumen …).

Die Aufgabe, das Kleidungsstück des toten Mannes zu nähen, wurde oft einer alten Frau übertragen, die auch die Aufgabe hatte, das junge Sklavenmädchen vor der Einäscherung zu töten, um unnötiges Leiden zu vermeiden (denkt daran, dass dies ein freiwilliges Opfer war, das vom „Opfer" als große Ehre empfunden wurde). Oftmals wurden auch Hund und Pferde des Verstorbenen getötet, um ihren Herrn zu begleiten. Die Zeremonie wurde in der Regel von einer großen Anzahl von Musikern begleitet, um die Geister zu besänftigen und Freude zurückzubringen. Das junge Sklavenmädchen kletterte dann auf das Boot, löste ihre Armbänder und die Ringe um ihre Beine, Symbole ihrer Stellung, und verabschiedete sich. Neben ihrem Herrn liegend, wurde sie außer Sichtweite oft erwürgt oder erstochen. Der nächste Angehörige des Toten erhielt schließlich die Aufgabe, das Leichenfeuer anzuzünden (nackt), gefolgt von den anderen Gemeindemitgliedern mit Fackeln, und so brannte das Schiff mitsamt dem ganzen Inhalt nieder.[9]

Eine solche Zeremonie mag uns Europäern des 21. Jahrhunderts barbarisch und gewalttätig

9 Ibn Fadlân, Voyage chez les Bulgares de la Volga, Éditions Sindbad, 1988.

erscheinen, die wir an Begräbnisse in Trauer gewöhnt sind, bei denen die Toten versteckt werden, bis sie in der Erde begraben werden, an Plätzen, die diesem Zweck gewidmet sind. Das Schlüsselwort hier ist jedoch zweifellos das Leben, gefeiert mit Festen, Getränken, Liedern, dem jungen Mädchen, das sich freiwillig opfert und an sexuellen Aktivitäten teilnimmt, den geopferten Tieren, dem Luxus des Trauerkleides, dem Feuer und schließlich mit dem lebendigen und kraftvollen Gebrüll, mit dem die Verstorbenen weggetragen werden. Alle Berichte über skandinavische Begräbniszeremonien stimmen in mindestens einem Punkt überein: Es gibt niemals Klage, Tränen, Trauer oder Traurigkeit. Stattdessen nahmen die meisten von ihnen eine eher ausschweifende Form an, eine Feier des Lebens, das weitergeht, und nicht ein Abschied nehmen von einem Leben, das gerade zu Ende gegangen ist. Das ist die Beziehung der Skandinavier zum Tod, nie gefürchtet, nie geleugnet, nie versteckt, sondern vom Leben selbst gefeiert.

So sehen wir in all dieser Vorbereitung und in den Opfern den festen Glauben der alten Skandinavier an eine Andere Welt, in der der Tod nur eine Brücke ist, die den Zugang zu ihr ermöglicht, und in der die Lebenden durch ihre Feste ihre eigene Lebenskraft anhäufen, um sie den Toten, die ihre verloren haben, zu schenken. Diese Zäsur zwischen Leben und Tod, auf der Karte durch die unterbrochene und blutige Konstellation dargestellt, war also keineswegs ein Ende, sondern ein einfacher Fortbestand, symbolisiert durch den Erben, der das erste Feuer entzündet. Auch das vergossene Blut sollte nicht unter einem morbiden Gesichtspunkt gesehen werden, sondern als ein lebenswichtiger Fluss, der sich auf die Gemeinschaft auswirkt. Die Seele des Verstorbenen, die zu dem heiligen Ursprung zurückgekehrt ist, aus dem sie stammt, extrahiert ihre Kraft auf ihre Nachkommen.[10]

Man kann nicht wirklich von Reinkarnation sprechen, sondern eher von einer Art Übertragung, einem sehr symbolischen Begriff in der skandinavischen, germanischen und slawischen Mythologie.

Das dritte Auge des auf der Karte dargestellten Schädels mit seiner goldenen Iris erinnert uns daran, dass die Wiedergeburt der Seele nicht weit entfernt ist, auch wenn der Körper nicht mehr da ist. Der Zyklus von Leben und Tod ist eine unendliche Spirale, die weder gestoppt noch kontrolliert werden kann und die sich unerbittlich für alle Ewigkeit drehen wird. Es ist die einzige Sache, gegen die wir alle machtlos sind, denn wir alle müssen diesen Schritt gehen, um das Überleben unserer Nachkommen zu sichern.

10 Régis Boyer, L'Edda poétique, Éditions Fayard, 1992.

Deutung

Iwaz ist eine sehr **spirituelle Rune**, ein **Übergangsritus** auf der Runenreise (umso mehr, als sie sich nach der ersten Hälfte der 24 Runen befindet und somit den Beginn eines neuen Zyklus markiert und gleichzeitig das Ende des vorhergehenden anzeigt).

Es ist eine Rune, die zur **Selbstbeobachtung** einlädt, bei sich selbst und um sich herum, um sich besser zu kontrollieren und sich weiterzuentwickeln, indem wir das sterben lassen, was nicht mehr notwendig ist (Gewohnheiten, Beziehungen …) und das wir manchmal aus Gewohnheit, Bequemlichkeit oder sogar Faulheit behalten. Dieser „Tod" im übertragenen Sinne des Wortes sollte nicht mit Bedauern, sondern mit Freude geschehen, denn aus ihm wird Leben entstehen, auf fruchtbareren und gesünderen Fundamenten.

Die Rune ermutigt uns, in unserem Streben auszuharren, weiter zu suchen, ja sogar **Kontakt zu jenseitigen Welten** aufzunehmen, um in dieser Welt besser voranzukommen. Wenn sich uns eine Blockade in den Weg stellt, murmelt sie uns zu, dass es sich nur um eine Verzögerung handeln kann und dass wir diese Phase unbedingt durchlaufen und dann weitergehen müssen, nachdem wir den Weg frei gemacht haben.

Iwaz ist eine **Etappe im Zyklus des Lebens**: das **Ende**, und kein Selbstzweck. Das **Leben wird**

zurückkehren, aber es braucht Geduld, genauso wie es Geduld braucht, um die Zeichen des Frühlings nach einem harten Winter wiederzusehen. Trotz der Schwierigkeiten, die sie ankündigen kann, beruhigt sie auch: Auch wenn diese Momente schwierig und lang sind, ist das Geschenk, das am Ende des Weges auf dich wartet, **Wachstum**, und es lohnt sich, die **Dunkelheit (der Seele) zu durchwandern**, um besser zu wachsen und vorwärtszukommen. Achte auf die Zeichen um dich herum, nutze die Chancen, die sich nach dieser Zeit ergeben werden. Nur zu diesem Preis wird die **Erhebung** für dich zum Greifen nah sein.

Diese Rune hat keine umgekehrte Form.

Spiritualität, Übergang, Anderswelt
Zyklus des Lebens
Selbstbeobachtung
Tiefste Nacht
Auferstehung

Pertho

Perthro oder Pertho (was mit den skandinavischen Buchstaben Perþo oder Perþro geschrieben werden kann), wird im Angelsächsischen Peorth (oder Peorð) genannt. Im jüngeren Futhark findet sie sich nicht mehr, was erklärt, warum sie keine entsprechende Bezeichnung im Altnordischen hat. Obwohl sie in einem angelsächsischen Runengedicht vorkommt, ist ihre Bedeutung bis heute unbekannt. Wir wissen jedoch, dass sie zur Kodierung des Tons verwendet wurde, der durch unseren Buchstaben P erzeugt wird. Ihre Form erinnert an die eines auf der Seite liegenden Würfelbechers, der beim Glücksspiel verwendet wird, eine Idee, die wir in ihrer Bedeutung wiederfinden, da sie mit den Begriffen „Schicksal" und „Geheimnis" verbunden ist.

Hintergrund

Das Thema dieser zutiefst geheimnisvollen Rune ist Zufall und Schicksal. Auf der Karte wird eine Weissagungsszene gezeigt: eine Wahrsagerin mitten in einer Sitzung, die Augen geschlossen, vor ihr drei verdeckte Karten, die auf einem Baumstumpf ausgebreitet sind. Ihr drittes Auge, das weit geöffnet ist und golden schimmert, erinnert uns daran, dass, auch wenn die Vorhersage eine Lesung ist, sie einen anderen Blick anspricht als den unserer einfachen Augen, den inneren Blick, den viele das dritte Auge, die Intuition oder den sechsten Sinn nennen.

Wir alle haben es, wir alle können es benutzen; es ist nur ein Auge, das wir lernen müssen, zu öffnen, um es anzuwenden. Daran ist nichts Unmögliches, nichts Magisches oder Wundersames. Auch wenn es Arbeit und Konzentration erfordert, ist das Deuten

Freyja, Göttin der Liebe und Ehe sowie Prophetin, Gemälde von James Doyle Penrose (1862–1932)

eines Weissagungsmediums (Karten, Würfel, Teeblätter, Kaffeesatz, Handlinien ...) eine Lehre wie das Erlernen einer Fremdsprache, die wir lernen zu entziffern. Das ist für einige natürlich, für andere weniger natürlich, aber so wie wir alle lernen können, den einen Muskel zu benutzen, der es uns erlaubt, unsere Ohren oder nur eine unserer Augenbrauen auf einmal zu bewegen (welches Kind hat diese Herausforderung noch nicht angenommen, mit mehr oder weniger Erfolg?), so kann jeder lernen, Karten zu lesen.

Bei den alten Skandinaviern und den alten Germanen war der Glaube an Schicksalsgottheiten, die über der Geburt eines jeden Kindes schwebten, tief verwurzelt, egal ob es sich um die Nornen oder die Disen handelt. Das Wort „Schicksal", sköp, kommt von dem Verb skapa, welches „formen" bedeutet und das Individuum zu dem macht, das von den Gottheiten auf eine bestimmte Art und Weise geformt wurde.[11]

11 Régis Boyer, L'Edda poétique, op. cit.

Daher war das Lesen des Schicksals (der „Zukunft“) für ein Lebewesen eine weithin akzeptierte und oft umgesetzte Idee, bei der es nicht nur darum ging, „die Zukunft vorherzusagen“, sondern auch darum, die Vergangenheit auf der Suche nach Weisheit und Wissen zu erforschen. Alle, Menschen und Götter, griffen auf diese Weissagungstechniken zurück, vom einfachen Bauern, der wissen wollte, ob seine Ernte gut ausfallen würde, über den Helden Sigurdhr, der durch den Riesen Gripir vor seinem Lebensweg gewarnt wurde, bis hin zu Odin selbst, der darum bat, in diese Kunst eingeweiht zu werden.

Dabei ging es nicht darum, sein Schicksal kontrollieren zu wollen und gegen es anzugehen, sondern vielmehr darum, seinen rechten und richtigen Platz zu finden, um die Schicksalsgötter nicht zu verärgern und so den heiligen Teil zu bewahren, den sie jedem Menschen übergeben haben, oder um Licht ins Dunkel zu bringen (zum Beispiel durch die Entlarvung eines Diebes), um Gerechtigkeit widerfahren zu lassen. Träume selbst wurden oft entschlüsselt, um daraus prophetische Botschaften abzuleiten, so wie die Oneiromantie, die Anwendung der Traumdeutung für Weissagungen, auch heute noch Anwendung findet.

Die magische Praxis, die am meisten mit Weissagung zu tun hatte, war zweifellos seiðr. Sie umfasst heute eine Vielzahl von Begriffen, aber im Grunde genommen war sie viel spezifischer, als der heutige vereinfachte Gebrauch des Begriffs vermuten ließe. Dieser komplexe Ritus, bei dem Magie und Weissagung eng miteinander vermischt sind, versuchte, den Schleier des Schicksals zu durchdringen, sei es das Schicksal einer Schlacht oder die Entwicklung der Ernten mit Blick auf den Winter.[12]

Dieser Ritus wurde den Vanen zugeschrieben, die mit Fruchtbarkeit und Fülle verbunden waren, insbesondere der Göttin Freyja, die die Urheberin sein sollte. Darüber hinaus soll sie es Odin selbst auf dessen Wunsch hin beigebracht haben. Diese geheime und aufwendig geregelte Kunst wurde im Allgemeinen von einer „völva“ geleitet, ein Begriff, der sowohl mit „Magierin“ als auch mit „Prophetin“ übersetzt werden kann, was seiðr zu einer vor allem weiblichen Praxis machte. So wie die Nornen weibliche Gottheiten sind, konnten die echten Prophetinnen nur Frauen sein, zweifellos wegen ihrer besonderen Verbundenheit mit dem Geheimnis des Lebens, das mit der Geburt seinen Höhepunkt erreicht.

Die Prophetin auf der Karte ist nicht nur von der Rune *Pertho* umgeben, sondern auch von drei Sternen, die auf die drei vor ihr ausgebreiteten Karten hinzuweisen scheinen. Der Stern, an der Stelle ihres Herzens,

12 Régis Boyer, Le Monde du double, la magie chez les anciens Scandinaves, Éditions Berg International, 2014.

kleiner als die anderen, scheint die „richtige“ Karte anzuzeigen, diejenige, die zu ihr sprechen wird, wenn sie ihrer Intuition vertraut (die „innere Stimme“).

Die Verbindungen, die zwischen all diesen Symbolen hergestellt werden, erinnern uns daran, dass alles schicksalhaft miteinander verbunden ist, dass es keinen Zufall gibt und dass „Zufälle“ immer aus einem guten Grund auftreten. Es erinnert uns daran, dass wir alle geführt werden, solange wir bereit sind, unseren inneren Blick zu öffnen, und dass unser „Glücksstern“ uns so sicher führt wie der Hirtenstern den Wanderer.

Der Stumpf, ein Überbleibsel eines Baumes, der an den Weltenbaum, Yggdrasil, erinnert, der den Skandinaviern lieb und teuer ist, ist sowohl Untergrund der Legung als auch das zu entschlüsselnde Geheimnis: Man kann in seinen Furchen sein Alter lesen und seine Erfahrung entziffern. Vergangenheit und Zukunft verflechten sich so zu einem kohärenten Ganzen, ohne das Weissagung nicht möglich wäre.

Deutung

Wenn die Rune *Pertho* in einer Legung erscheint, ist es an der Zeit, über die **Idee des Schicksals** nachzudenken, die wie eine **Bestimmung** unsere Schritte auf unserem Lebensweg lenkt. Weit davon entfernt, ein unveränderliches Vor-Urteil zu sein, gegen das wir nichts ausrichten können, ist das **Schicksal eher wie ein Kompass**, der uns unwiderstehlich auf ein Ziel hinzieht, so wie die Nadel nach Norden gezogen wird. Andererseits liegt es an uns, den **Weg zu wählen**, auf dem wir dieses Ziel erreichen wollen, und darin können wir uns als **Meister unseres eigenen Schicksals** sehen.

Pertho scheint darauf hinzuweisen, dass ein **Geheimnis** enthüllt wird oder enthüllt werden muss, und dass es an uns liegt, dies zu tun. Die Enthüllungen sind nicht weit entfernt, und schon bald kündigt diese Rune uns an, dass wir uns von unseren Hindernissen und Schwierigkeiten auf unserem Weg befreien können, denn wir sind auf dem richtigen Weg, dem Weg, der uns zu unserem Schicksal führen wird. Sie knüpft auch an den Begriff des **Geschenks des Lebens** an, sei es eine rein pragmatische Idee wie die Geburt, sei es symbolisch als ein Projekt, das in uns und außerhalb von uns geboren wird. Als **Rune des Geheimnisses** deutet sie an, dass es noch verborgene Dinge zu entdecken gibt, damit wir endlich in der Lage sind, das große Ganze zu sehen. Dieser Prozess ist in vollem Gange.

Auf dem Kopf stehend warnt sie uns vor exzessivem Warten, vor einem **Starrsinn** gegenüber etwas, das uns nicht entspricht und über das wir trauern müssen, denn dies ist nicht unser Schicksal. Das kann eine zwanghaft erwünschte Beziehung sein oder ein

Karriereweg, den wir zu verfolgen versuchen, obwohl er nicht das ist, was wir wirklich brauchen. Sie **warnt davor, alte Taten zu wiederholen**, aus Hoffnung oder Nostalgie, denn die Vergangenheit muss an ihrem Platz bleiben und wird sich nicht unbedingt in der Weise wiederholen, wie wir es erwarten. Was wichtig ist, ist unser eigenes inneres Wachstum, und es ist an der Zeit, nach dem richtigen Weg zu suchen, um es zu entwickeln.

Es kann auch bedeuten, dass der Weissagung zu viel Bedeutung beigemessen wird und dass es klüger wäre, sich vorerst auf das „Hier und Jetzt“ zu konzentrieren, anstatt um jeden Preis nach Antworten in der Vergangenheit oder Zukunft zu suchen. Es ist an der Zeit, **loszulassen** und dem eigenen Schicksal zu vertrauen, so wie der verlorene Seemann vertrauensvoll **den Sternen folgen** kann, um sich leiten zu lassen.

Schicksal, Bestimmung
den eigenen Weg gehen
Geheimnisse
Geschenk des Lebens
Starrsinn – Loslassen

Algiz

Die fünfzehnte Rune des Futhark ist wahrscheinlich die mit den meisten unterschiedlichen Namen/Bedeutungen. Das altnordische Yr (was „wenn“ bedeutet) wird in seiner umgekehrten Form zu Algiz, manchmal zu Elhaz (Urgermanisch) und Eolh auf Altenglisch. Diese beiden Begriffe verweisen auf den Elch, eine Hirschart, die in den skandinavischen Regionen heimisch ist. Die Rune kann nicht alleine auf ihren ursprünglichen Lautwert [ks] reduziert werden, da sie sich in ihrer altnordischen Form, Yr, zu einem /r/-Laut entwickelt hat, weshalb die Transkription hier üblicherweise durch den lateinischen Buchstaben [r] erfolgt. Im Gegensatz zu anderen Runen sehen wir also, dass sie nicht dazu dient, den Klang zu kodieren, den ihre Aussprache selbst erzeugt, da es den Lautwert [z], mit dem diese Rune heute am häufigsten transkribiert wird, zunächst in den primitiven Formen der germanischen Sprache nicht gab.

Algiz wird manchmal auch als Mutter der Runen bezeichnet, da jede Rune aus ihren Linien erstellt werden kann. Außerdem ist eines der beliebtesten Runensiegel Islands das Aegishjálmur (wörtlich „Helm von Aegir", oft aber auch „Helm des Schreckens" genannt) eine Kombination aus acht symmetrisch angeordneten *Algiz*-Runen.

Ihre Form erinnert an das Geweih eines Elches/Hirsches, auf den sie durch ihren Namen hinweist, aber auch an die Zweige von Yggdrasil, den Weltenbaum der Skandinavier, und an eine beschwörende menschliche Haltung (stehend und die Arme zum Himmel gestreckt).

Hintergrund

Auf der Karte hebt eine Frau mit langen, offenen roten Haaren ihre Arme zum Himmel; eine Körperhaltung beeinflusst durch die Form der Rune *Algiz*. Das Elchgeweih, das sie auf dem Kopf trägt, ist ein weiteres Bindeglied zur Rune und eine Metapher: Der Elch/Hirsch ist nicht nur ein Tier, sondern steht auch für Trieb, Bewegung, sich aktiv einem Ziel nähern, Aufblühen.

Es ist selten, dass man eine Frau mit Geweih sieht; in der Natur ist dies normalerweise das Vorrecht des männlichen Tieres (die Weibchen der Elche tragen kein Geweih). Dies verleiht ihr eine Dimension nicht nur eines Mischwesens zwischen Mensch und Tier, sondern verkörpert auch die Polarität zwischen Männlich und Weiblich. *Algiz* ist ein Ganzes, eine Welt für sich, wie Yggdrasil, und diese Verschmelzung findet sich in der Figur, die sie verkörpert, wieder. Ihr langer schwarz-weißer Mantel, ebenfalls Ausdruck der entgegengesetzten Polaritäten, ist mit Runen übersät. Mit Gold bestickt, bietet er zugleich Schutz und Offenheit für das Unbekannte, in dem Präsenz (weiß) und Abwesenheit (schwarz), Licht und Dunkelheit, Leben und Tod, nebeneinander existieren.

Die Symbolik dieser Rune ist also eher auf die doppelte Polarität von Leben und Tod gerichtet als auf Schutz, mit der sie am häufigsten in Verbindung gebracht wird. Arme in den Himmel erhoben, ist sie das

Geäst des Baumes oder das Geweih, die rohe, vitale und mächtige Kraft des Lebens in ihrem reinen Zustand. Umgekehrt dagegen taucht sie die Arme in den Boden wie die Haare der rothaarigen Frau, sie ist die Wurzel des Baumes, der verborgene, vergrabene Teil, der das Wissen über die „Andere Welt" über die Eingeweide der Erde aufnimmt und so in Kontakt mit dem Tod steht. Die mit Löchern übersäte Landschaft vor der jungen Frau ist auch eine Andeutung: Wir sehen Brachland, Hohlräume, die nur darauf warten, bestellt und durch Düngung zum Leben erweckt zu werden. Oder aber Gräber, die leblose Körper aufnehmen sollen, um in der Hoffnung auf eine Auferstehung zur Mutter Erde zurückzukehren. Solche Praktiken sind fast so alt wie die Menschheit selbst: Die Begräbnisstätten der Neandertaler von El Tabun in Israel sind mehr als 120 000 Jahre alt.

Leben und Tod sind eng miteinander verflochten, und es ist auch heute nicht immer leicht, die Grenzen zwischen diesen beiden Begriffen genau zu bestimmen (ein Individuum als tot zu erklären, ist auch heutzutage manchmal ein Streitthema). Bei den Skandinaviern wurden oft Seebestattungen mit Booten, auf denen der Körper ruhte, durchgeführt, zweifellos wegen der Allgegenwart des Meeres und des heiligen/göttlichen Charakters der Seefahrt. Das Meer, auf der einen Seite ein Gefäß für die Körper der Toten, war

Wikingerschiff mit verschiedenen Schilden

auf der anderen Seite gleichzeitig auch ein Symbol für ein Leben im Überfluss; zum einen bot es ausreichend Nahrung und ermöglichte zum anderen über die Seefahrt eine Erweiterung des skandinavischen Territoriums. Ægishjálmur ist, wie wir gesehen haben, die Kombination von acht symmetrisch angeordneten *Algiz*-Runen und verweist auf die Meeresgottheit Ægir (altnordisch für „Meer"), ein urzeitlicher Riese, der das Meer verkörpert, Ehemann von Ran, der Menschenräuberin (verantwortlich für Schiffbrüche und dem Verschwinden auf See), und Vater von neun Töchtern, die die Wellen verkörpern. Im Gegensatz zu vielen Riesen unterhielt er gute Beziehung zu den Göttern und wurde manchmal auch als einer angesehen. Er und seine Frau verkörpern die beiden Aspekte des Meeres: Während Ran den unheimlichen Ruf einer Schiffbrüchigen hat, wird ihr Ehemann eher mit der Macht und Großzügigkeit des Meeres assoziiert.[13]

13 Régis Soyer, L'Edda poétique, op. cit.

Dies ist wahrscheinlich der Grund, warum er im isländischen Siegel mit der *Algiz*-Rune in Verbindung gebracht wurde, die oft auf Boote oder Schilde gemalt wurde, um den Schutz von Ægir während der Überfahrten und sogar in Schlachten zu erbitten. Es war diese letzte Verwendung, die *Algiz* sein mittlerweile beliebtes Image als Schutzrune verlieh.

Deutung

Algiz ist eine **zweischneidige Rune**, mit der man sich eingehend beschäftigen muss, wenn sie in einer Legung erscheint. Sie ist oft ein **Spiegel der Seele** und führt uns zu dem **inneren Kämpfer**, den wir in Krisenzeiten herbeirufen können, um uns gegen Widrigkeiten zu behaupten. Wie das Elchgeweih ist es ein **aktiver Schutz** (und nicht passiv wie ein Schild), der es erlaubt, sich selbst zu verteidigen und nicht nur die „Schläge" zu ertragen. Den besten Schutz bieten nach wie vor die zum richtigen Zeitpunkt ergriffenen Maßnahmen und das richtige Verhalten, da uns diese beiden Einstellungen vor schädlicher Untätigkeit und Selbstmitleid bewahren.

Wenn diese Rune in einer Phase des Zweifelns oder des Leidens auftaucht, bedeutet dies, dass du dich am besten davor schützen kannst, indem du dich beobachtest, um die **Wurzeln zu entdecken und**

besser ausreißen zu können, anstatt in eine wenig konstruktive Verdrängungshaltung zu geraten. Als wildes Tier ermutigt uns der Elch, eher unserem **Instinkt**, unserem **Gespür** als unserem Denken zu vertrauen. Diese Rune ist immer wie ein **Licht im Dunkel**, das uns daran erinnert, dass wir die Mittel haben, uns zu schützen und uns selbst zu helfen. Es kann auch ein Zeichen für eine Gunst oder einen göttlichen Schutz sein, der uns geboten wird, um einer notwendigen Prüfung zu begegnen.

Algiz beschwört das böse Schicksal, das uns manchmal zu plagen scheint, und reduziert es auf eine Nichtigkeit, während sie durch konstruktive Konfrontation feindselige Einflüsse unterdrückt. Sie steht für eine **Schlacht, aus der man siegreich hervorgeht**.

Auf dem Kopf stehend lädt sie uns ein, genau auf das zu achten, was uns und uns selbst innerlich umgibt. Als Bild des Todes, nicht physisch, sondern spirituell, drängt sie uns, unter die Oberfläche zu tauchen wie die Wurzeln eines Baumes, um die notwendige Nahrung zu erhalten.

Sie kann auch eine **Warnung** bezüglich unserer Umgebung sein: Vielleicht sollte man sich von Beziehungen, die sich als schädlich erweisen, und Menschen, die uns Energie rauben, trennen, um gelassener und freier voranzukommen.

Sie erinnert aber auch daran, dass nicht jeder Kampf gewonnen werden kann; was nicht unbedingt bedeuten muss, dass er verloren gehen muss. Manchmal muss man wissen, wann der richtige Zeitpunkt ist, um sich **zurückzuziehen**, um eine Niederlage zu vermeiden, von der man weiß, dass sie unvermeidlich ist, ohne dabei ein Gefühl des Versagens zu verspüren: Wichtig ist, dass man lernt und nicht dieselben Fehler wiederholt.

Innerer Kämpfer, aktiver Schutz
Spiegel der Seele, Instinkt
Übel bei der Wurzel packen
Licht im Dunkel
Warnung, Rückzug

Sowilo

Das altnordische Sol, Sigel in Altenglisch und Sowilo in Urgermanisch beziehen sich alle auf die vergöttlichte Personifikation der Sonne, Sól, und haben ursprünglich den Klang [s] kodiert. Grafisch gesehen hat sie sich stark weiterentwickelt, aber ihr Umriss hatte immer die Form eines Blitzes, der an einen Sonnenstrahl erinnert. Nahe des Ursprungs des phönizischen Buchstabens Šin, der auch Sonne bedeutet, entstand daraus das griechische sigma, bevor es die Schreibweise des etruskischen Kursivs s übernahm, drei schräge Linien, die an eine eckige Form unseres Buchstabens S erinnern.

Hintergrund

Die Person, die uns auf dieser Karte gegenübersteht, istmerkwürdig: Das Gesicht ist auf eine blendende Sonne reduziert, in der Mitte ein goldenes Auge weit geöffnet. Er mag mit seinem Harnisch aus metallischen Schuppen und seinem breiten scharlachroten Gürtel beängstigend wirken, aber sehr schnell beruhigt die Weichheit seines Blicks. Er ist sicherlich ein Krieger, aber er ist wohlwollend und spendet Licht und Wärme.

In unseren Breitengraden ist die Sonne ambivalent, sie kann je nach Kraft sowohl verbrennen als auch ernähren. Im Winter sehnsüchtig erwartet, wird sie im Sommer manchmal gemieden und gefürchtet, da sie einerseits so viel zerstören kann, aber auf der anderen Seite mit ihrer Wärme auch zu trösten vermag. Wenn er den schweren schwarzen Umhang, der seine Schultern bedeckt, abnehmen würde, würden unsere Augen zweifellos von seinem unerträglichen Glühen verbrannt. Aber im Bewusstsein seiner Macht bewahrt er ihn sorgfältig auf, und wir sind bei ihm sicher. Als hellsehender, allmächtiger Krieger kann er sich bei uns auf das populäre Bild des Gottes Thor berufen, zornig und fröhlich, strahlend und sonnig mit seinem Bart, in den Schriften als blond wie die Strahlen der Sonne beschrieben.[14]

Bei den Skandinaviern ist Sól jedoch eine Göttin, und das Wort „Sonne" ist weiblich.[15]

Ein Mann namens Mundilfari hatte zwei Kinder, so schön und strahlend, dass er sie nach den Himmelssternen benannte: Der Junge hieß Máni (Mond) und seine Schwester Sól (Sonne). Eine solche Anmaßung durfte von den Göttern nicht ungestraft bleiben. Empört setzten die Götter den Bruder und die Schwester in den Himmel und beauftragten sie, die göttlichen Streitwagen mit den Sternen, denen sie ihre Namen verdankten, zu steuern. So war Sól dazu verurteilt, die beiden Pferde Arwakr („Frühaufsteher") und Alswinn („Allgeschwinde") in einem endlosen Rennen anzuführen, um dem gierigen Himmelswolf Skoll („Abstoßung") zu entkommen, der entschlossen war, nur einen Bissen von dem Stern des Tages zu nehmen, den er am Tag des Ragnarök schlucken würde. Tatsächlich blieb die Sonne, von den Göttern aus einem Funken aus Muspellsheim, der Welt der Feuerriesen, erschaffen, verzweifelt unbeweglich am Himmel.[16]

14 Régis Boyer, L'Edda poétique, op. cit.
15 Grimnismál, dans L'Edda poétique, traduction de Régis Boyer, op. cit., strophes 37 à 39.

Die Wölfe Skoll und Hati jagen Sonne und Mond,
J C Dollman in Guerber „Myths of the Norsemen", 1914

Der Beginn ihrer Bewegung war der Ursprung des Gleichgewichts zwischen Tag und Nacht und dem Verstreichen der Zeit. Trotz der Geschicklichkeit von Sól und der Schnelligkeit von Arwakr und Alswinn ist Skoll manchmal kurz davor, die Sonne zwischen seinen furchterregenden Kiefern zu verschlucken: Durch diese Vorstellung wurde es den nordischen Völkern ermöglicht, das Phänomen der Sonnenfinsternis zu erklären, bei der das Sonnenlicht von der Dunkelheit verschluckt zu werden scheint, bevor es unter Sóls Peitschen siegreich wieder auftaucht.

Die Idee einer weiblichen Sonne sollte uns in einer so nördlichen Zivilisation wie der skandinavischen Kultur nicht überraschen. In den nordischen Ländern ist die Sonne bei Weitem nicht so sengend und aggressiv, wie sie es für die lateinischen Zivilisationen (bei denen

16 L'Edda, Récits de mythologie nordique par Snorri Sturluson, Gallimard, collection "L'Aube des peoples", traduit du vieil islandais, introduit et annoté par François-Xavier Dillmann, 1991.

die Sonne männlich ist) sein kann, selbst in den Monaten, in denen sie nie untergeht. Ihr Licht, weich und warm, wird erwartet und verehrt, im Gegensatz zu der kalten und harten Nacht, die von einem Mond regiert wird, dessen scharfes und eisiges Licht ihm auf natürliche Weise männliche Züge verlieh. So wird Sól trotz ihrer Tapferkeit und ihres Mutes als eine sanfte junge Frau mit goldenem Haar dargestellt, die durch zwei von den Göttern unter den Schultern der Pferde installierten Kaltluftbälge vor dem Verbrennen ihrer Last bewahrt wird.

Deutung

Sowilo ist **reines Licht**, genau wie die Sonne, die sie darstellt. Wenn sie in einer Legung erscheint, zeigt sie den **Weg** auf, **dem wir folgen müssen**, sie erhellt unser tiefstes Selbst, um es mit Wohlwollen auf dem Weg zur Erfüllung zu führen. Kraftvoll und lebendig bringt diese Rune **Lebenskraft** und lädt die Batterien in Momenten der Müdigkeit und Erschöpfung wieder auf. Sie erfüllt dich mit **Energie**, gibt dir **Selbstvertrauen** und **Zuversicht** im Leben zurück und erhellt die **Zukunft mit einem wolkenlosen Himmel**. Sie ist eine Einladung, sich der Welt zu öffnen (immer darauf bedacht, keine Energie an Energieräuber zu verschwenden).

Sie kündigt eine **besonders günstige Zeit** an, um Projekte in Angriff zu nehmen und ohne Angst und ohne Widerstände zu beginnen. Die geführten Kämpfe werden ohne die geringste Schwierigkeit erfolgreich sein, und die Zukunft verspricht Ansehen und Erfüllung. Ihre Vorteile bestehen auch noch lange, nachdem ihr Einfluss verblasst ist, denn es ist der erste Schritt in einer wunderbaren Entwicklung, der **Beginn eines neuen Zyklus**, der vielversprechender ist als der, den wir beenden, wie ein neuer Tag, der sich uns eröffnet.

In Bezug auf das soziale Leben zeigt sie nichts als **Zuneigung** und **Wärme**. Auf der intellektuellen Seite läutet sie einen bedeutenden Zuwachs an **Wissen** und **Erfahrung** ein, eine günstige Zeit zum Lernen und Entwickeln, wie ein junger Trieb, der fröhlich unter den Sonnenstrahlen wächst. Sie stärkt den Willen nach einer Periode des Zweifels, **beseitigt Hindernisse**, die im Wege stehen könnten, regeneriert und bringt eine heitere Dynamik in Gange. Es ist eine **gesegnete Zeit**, die man genießen sollte.

Diese Rune hat keine umgekehrte Form.

Reines Licht
Der richtige Weg, Zuversicht
Günstige Zeit
Lebenskraft, Selbstvertrauen
Zuneigung, Wärme

Tiwaz

Tiwaz eröffnet die dritte und letzte aett des Futharks, das unter der Ägide des gleichnamigen Gottes steht. Tiwaz, im Altnordischen Tyr und Tir auf Altenglisch genannt, bezeichnet immer dieselbe Gottheit, was besonders wichtig und symbolisch in der nordischen Mythologie ist. Seine Form erinnert an einen Pfeil, der nach oben zeigt, und hat sich im Laufe der Zeit kaum verändert, so dass der Umriss ähnlich geblieben ist. Er wurde ursprünglich zur Kodierung des Lautes T verwendet, dem er stark ähnelt.

Hintergrund

Wenn wir heute sofort an Thor als eine nordische Kriegergottheit denken, dürfen wir wegen der immensen Popularität, die der Gott des Hammers in den Herzen der Skandinavier erlangte, nicht die grundlegende Bedeutung einer anderen, viel älteren und ursprünglicheren Kampfgottheit vergessen, *Tiwaz*. Bei allen nordischen und germanischen Völkern war *Tiwaz* ursprünglich ein himmlischer Gott, der den gerechten Krieg (der nicht aus Gier, sondern aus Verteidigung und Schutz gekämpft wurde) und die militärische Strategie verkörperte. Ursprünglich als souveräner Gott verehrt, hatte er die beschwerliche Aufgabe, die Souveränität in ihrer rechtlichen und juristischen Dimension unparteiisch und gerecht zu vertreten. Im weiteren Sinne machte ihn dies zu einer Gottheit, die mit Eid, Ehre und Recht verbunden ist. Sein Kult als der Gott an der Spitze des Pantheons verlor nach den barbarischen Invasionen allmählich an Bedeutung zu Gunsten Odins, später dann für Thor während der großen Übergänge.[17]

17 Régis Boyer, „La Dextre de Týr", dans Mythe et politique, Actes du colloque de Liège, 1990.

Der einarmige Gott Tyr/
Tiwaz, undatierter Stich

Auch wenn die ihn betreffenden Texte heute eher selten sind, so ist seine Bedeutung in der germanischen und angelsächsischen Etymologie immer noch ausgeprägt; zum Beispiel im Wort „Dienstag", dem Tag, dem er seinen Namen gab.

Auf der Karte ist eine Darstellung der berühmtesten Episode des *Tiwaz*-Mythos zu sehen, die ihm den populären Spitznamen „einarmiger Gott" einbrachte. Der Sohn des vielseitigen Gottes Loki, der Wolf Fenrir, wurde von den Göttern in Asgard aufgezogen, aber sein außerordentliches Wachstum und sein unersättlicher Appetit erschreckten bald selbst die tapfersten Götter, mit Ausnahme von *Tiwaz*, der als Einziger mutig genug war, ihn zu füttern. Der monströse Wolf hatte in der Tat versprochen, den Mond, die Sonne und selbst den kleinsten Fleck des Himmels zu verschlingen.

Als klar wurde, dass er groß und stark genug geworden war, um eine echte Bedrohung darzustellen, beschlossen die Götter, ihn in Ketten zu legen, um ihn unter Kontrolle zu halten. Leider brach der mächtige Fenrir stets alle seine Fesseln, selbst die stärksten und magischsten, indem er ein Spiel daraus machte, um seine Macht zu zeigen.

Die Götter baten schließlich die geschicktesten Schmiede, die Zwerge, um Hilfe bei der Herstellung einer Fessel, die das Monster trotz seiner ungeheuren Stärke zurückhalten konnte. Das Kunststück wurde durch die Kombination von sechs scheinbar unmöglichen Zutaten vollbracht: das Geräusch der Schritte einer Katze, der Bart einer Frau, die Wurzeln eines Berges, die Nerven eines Bären, der Atem eines Fisches und die Spucke eines Vogels. Das Ergebnis, Gleipnir genannt, war nicht dicker als ein Faden und weich wie Seide. Fenrir ließ sich offensichtlich nicht täuschen. Nachdem er Ketten zerbrochen hatte, die dicker als ein Baumstamm waren, betrachtete er den dünnen Faden mit Argwohn und willigte in die Fesselung nur unter der Bedingung ein, dass einer der Asen als Zeichen des guten Willens seine rechte Hand in sein Maul legte. Die Götter waren natürlich sehr verärgert über eine solche Bitte, mit Ausnahme von *Tiwaz*, der, ohne mit der Wimper zu zucken, vortrat und seine rechte Faust in den Kiefer des Monsters stieß, während es mit Gleipnir angekettet wurde. Fenrir zog und zog und zog. Mit jeder Anstrengung gruben sich seine Fangzähne tiefer in das Fleisch des *Tiwaz*, der keinen Laut von sich gab. Am Ende gab der Wolf erschöpft auf und schnitt dem Kriegergott mit einem letzten Schnappen wütender Zähne die Hand sauber ab.[18]

Das Opfer war groß. Indem er seine rechte Hand verlor, verlor *Tiwaz* seine Eigenschaft als Krieger (Wie sollte man das Schwert führen, wenn die Hand, die es hielt, nicht mehr da war?), gewann aber durch seinen Mut und seine Selbstaufopferung eine neue Dimension, nämlich die des Retters und Beschützers.

Die Frage der Identität steht dann mehr denn je im Mittelpunkt der Überlegungen: Wer sind wir, wenn wir nicht mehr das werden, was wir waren? Aus Liebe zu seinem Volk und aus Mitleid mit der Welt gab *Tiwaz* seine eigene Identität als Kriegergott auf, um einen ganz anderen Aspekt zu übernehmen: die Personifizierung von Strategie und selbstlosem Mut. Und auch des Sieges, denn dank seiner scheinbaren Niederlage bleibt Fenrir bis Ragnarök harmlos und gefangen.

Auf der Karte hält *Tiwaz* sein Schwert, das Symbol seiner verlorenen Identität, in seiner linken Hand, von wo aus es Fenrir, der die Klinge zwischen seinen Kiefern hält, entreißen will, ohne es zu fürchten, da es nun harmlos geworden ist (und mehr als seine Hand ist es sein Schwert, als souveränes Symbol, das der Wolf *Tiwaz* wirklich entrissen hat).

18 „Gylfaginning", dans L'Edda poétique, Régis Boyer, op. cit.

Die rechte Hand ist verschwunden, und Tropfen goldenen Blutes, Symbole für den rettenden Aspekt und den Wert des Opfers, tropfen von seinem Stumpf. Seine Ärmel sind rot, die Farbe der Stärke und des Sieges, trotz des Leidens und des vergossenen Blutes. Fenrirs Schatten scheint ihm immer näherzukommen, aber das Licht des einarmigen Gottes hält ihn in Schach.

Tiwaz' Mut hat eine Katastrophe im wahrsten Sinne des Wortes (d. h. den Verlust der Sterne) abgewendet, aber das Opfer ist manchmal mit Bitternis verbunden. Der Sieg kommt manchmal durch die Aufgabe eines Teils von sich selbst und kann dazu führen, dass der tapferste und am meisten verehrteste der Götter seinen Platz anderen überlässt, die „ganzer" sind als er selbst.

Deutung

Tiwaz ist eine der wenigen Runen, die tief mit einer bestimmten Gottheit verbunden ist, so dass es interessant sein kann, Erzählungen über diese Gottheit zu lesen, wenn sie in einer Legung erscheint. Sie ist das Bild des **Universalen Vaters**, eines **Beschützers**, eines **Retters**.

Tiwaz ist eine Rune des **wiedergewonnenen Gleichgewichts**, oft um den Preis eines Opfers oder eines Kampfes. Aber die daraus resultierende Harmonie beweist immer, dass sich die Anstrengung gelohnt hat. Als Rune der **Gerechtigkeit** und des **Mutes**, spricht sie von der **Stärke eines Kriegers** (nicht immer brutal, sondern auch eine Stärke durch Weisheit und Strategie – die so wenig Schaden wie möglich anzurichten versucht) und kündigt eine Eroberung oder eine **positive Entwicklung** an, auch wenn sie auf den ersten Blick etwas bitter sein kann und das Zurücklassen von Dingen erfordert, die man nur schwer loslassen kann.

Als **Krieger-Rune** par excellence, immer fair und unparteiisch, verspricht sie Gerechtigkeit, die Beseitigung aller Formen der Diskriminierung, das **Loslassen** von allem, was nutzlos geworden ist, was wir aber aus Gewohnheit, Faulheit oder Bequemlichkeit immer noch behalten. Es ist an der Zeit, sich von diesen letzten unfruchtbaren Bindungen zu befreien, um voranzukommen und die nächste Ebene zu erreichen, die jetzt mehr denn je in Reichweite ist. Der Weg mag anfangs schwierig sein, aber *Tiwaz* verspricht **Sieg** und **Ehre**, wem immer sie erscheint. Furcht ist illusorisch und trügerisch, und es ist an der Zeit, sie mit Zuversicht und Mut zu überwinden. Die Rune ermutigt uns zum **Durchhalten**, denn sie zeigt, dass wir auf dem richtigen Weg sind.

Auf dem Kopf stehend warnt sie vor der **Gefahr von Entscheidungen**, die übereilt oder aus einer

Laune heraus getroffen werden, die meist vom Ego getrieben sind, motiviert durch Stolz oder den Wunsch, jemanden, etwas oder eine Situation zu beherrschen. Am besten nimmt man sich die Zeit, sorgfältig nachzudenken und eine solide und logische Strategie umzusetzen, um keine Energie zu verschwenden oder – schlimmer noch! – mehr Schaden als nötig zu verursachen, in uns oder um uns herum.

Sie kann auch einen Mangel an Selbstvertrauen, eine **Identitätskrise** aufzeigen: Wer sind wir geworden? Wie hat uns das, was wir verloren oder aufgegeben haben, verändert? Es ist an der Zeit, den Wandel zu akzeptieren und uns diese neue Identität anzunehmen, die nach oder während einer Krisenzeit entsteht. Wir müssen uns immer vor Augen halten, dass Mut schließlich belohnt wird, auch wenn es manchmal länger dauert als erwartet …

Schutz, Rettung
Gerechtigkeit
Mut, Sieg
Positive Entwicklungen
Falsche Entscheidungen

Berkanan

Berkanan wird auf Altenglisch Beorc genannt, es kommt auch in den urgermanischen Formen Berkano und Berko vor sowie als Bjerkanen im Altnordischen. All diese Namen beziehen sich auf denselben Baum, heimisch in allen nördlichen Regionen, die Birke. Ursprünglich kodierte diese Rune den Laut unseres Buchstabens B, dem sie ähnelt, wenn auch in einer etwas eckigeren Form. Sie erinnert u.a. auch an die Silhouette einer schwangeren Frau, wobei das erste Dreieck die Brust und das zweite Dreieck den runden Bauch bildet.

Hintergrund

Die Birke (wissenschaftlicher Name Betula), von der es in Europa vier Unterarten gibt, ist ein Baum von zartem und zerbrechlichem Aussehen, der dennoch eine erstaunliche Widerstandsfähigkeit besitzt. So sieht man sie nicht selten in rund 2000 Metern Höhe wachsen und auch nicht vor arktischen Regionen zurückschrecken, wo sie sich im Gegenteil sehr leicht ausbreitet. Pionierpflanzen par excellence, sind es oft Birken, die als Erstes auftauchen, wenn der Wald Brachland zurückerobert. Während ihre Lebensdauer in gemäßigten Klimazonen relativ kurz ist (zwischen 30 und 40 Jahren), können sie in nördlichen Regionen leicht ein Alter von hundert Jahren erreichen. Mit ihrem zarten, frühlingsgrünen Laub, das im Herbst goldgelb gefärbt ist, und ihrem hohen, schlanken, geschmeidigen und ungewöhnlich weißen Stamm wurde die Birke sehr schnell mit Weiblichkeit assoziiert. Ihre vielen medizinischen Heilkräfte, welche aus allen Teilen des Baumes gewonnen werden können, haben zu ihrem positiven Image beigetragen, und diese besonders positive Symbolik genießt sie noch

Birkenwald in Russland

immer bei den meisten Völkern des Nordens, bis hin nach Sibirien. In mehreren slawischen Sprachen (vor allem im Tschechischen und im Ukrainischen) gab sie dem Monat März ihren Namen, da zu dieser Jahreszeit ihr Saft langsam in die Zweige aufsteigt und so die Rückkehr des Frühlings ankündigt. In Norwegen ist er ein besonders symbolträchtiger und verehrter Baum, der in Kunstwerken reichlich vertreten ist, und in Russland gilt er als Nationalbaum und hat sogar ein eigenes Fest Anfang Juni.

Die Birke ist auch heute noch eine sehr wichtige Rohstoffquelle für das Handwerk. In Nordeuropa wurden Streifen aus ihrer Rinde zu Schuhen geflochten (Lapti auf Russisch) oder auch als Schreibunterlage verwendet, ähnlich dem ägyptischen Papyrus. Auch liefert sie noch heute Rohstoffe für die Herstellung vieler Kunsthandwerke (Schachteln, Kämme, Schmuck, Ornamente ...). Sie brennt schnell, ohne übermäßige Hitze oder eine große Menge Asche zu erzeugen, und wird daher vor allem von den Bäckern favorisiert. In Skandinavien wird ihr Holz wegen der feinen und homogenen Maserung, der sehr hellen Farbe und der mechanischen Eigenschaften, die es in wärmeren Klimazonen nicht besitzt, sehr geschätzt. Es ist daher nicht verwunderlich, dass ein Baum, der so viel gibt, in der nordischen Mythologie den Ruf einer nährenden Mutter erworben hat und mit dem Bild einer kurz vor der Geburt stehenden Frau, das durch die Rune *Berkanan* dargestellt wird, in Verbindung gebracht wurde.

Auf der Karte drückt eine nackte, schwangere Frau zärtlich einen Birkenzweig auf ihren Bauch, wie ein Schutzamulett, das ihr ungeborenes Kind segnet. Ihre rechte Hand hängt zu Boden und entfaltet sich zu feinen, gewundenen und nährenden Wurzeln, die sie wie ein schützender Kokon umhüllen. Auf ihren langen geflochtenen Haaren sitzt eine Pflanzenkrone als Widerhall der Wurzeln, die aus ihrer Hand wachsen, so wie die Äste von Bäumen lebendige und greifbare Abbilder ihres unterirdischen Wurzelsystems sind. Hinter ihr befindet sich eine Höhle, aus der goldene Schimmer entweichen und die auch ein Bild der Fruchtbarkeit ist, die Gebärmutter der Erde, aus der alles Leben entstehen kann, buchstäblich oder im übertragenen Sinne. Wenn die Form der Höhle auch an einen Grabhügel erinnert, sollte uns das nicht überraschen, da wir gesehen haben, wie in den nordischen Mythen Leben und Tod, Geburt und Verlust miteinander verbunden waren (s. auch die Rune *Iwaz*).

Dieser weit geöffnete Hügel ruft nach Leben, ist eine Einladung, symbolische Samen zu pflanzen, um zu sehen, wie sie sich entwickeln und im Laufe der Jahreszeiten Früchte tragen.

Deutung

Es ist daher nicht überraschend, dass *Berkanan* eine **Rune der Fruchtbarkeit** und der **Fülle** ist, im wörtlichen und übertragenen Sinne. Während die vorhergehende Rune, *Tiwaz*, das Bild des Universalen Vaters voller Kraft und Männlichkeit war, ist *Berkanan* die **Große Mutter**, fruchtbar und geheimnisvoll, die die Schlüssel zu **Geburt** und **Wachstum** in der Hand hält. Wenn diese Rune in einer Legung erscheint, ist sie immer das Zeichen einer bevorstehenden Geburt: die eines Kindes im ursprünglichen Sinne des Wortes oder die eines Projekts, das langsam und gut behütet reift, bis es ausreichend entwickelt ist, um in die Welt gebracht zu werden und dort zu wachsen. Der Schöpfungsakt selbst hat sich vielleicht noch nicht manifestiert, aber die Inspiration ist da. Es ist nicht länger Zeit für Angst; das „Baby", das wir in uns tragen, ob real oder metaphorisch, ist bereit, sicher in die Welt gebracht zu werden. Abgesehen davon kann *Berkanan* auch darauf hinweisen, dass wir die **Macht** und den richtigen **Einfluss** haben, um einem laufenden

Projekt unsere Unterstützung, unsere **helfende Hand** anzubieten; ein Kind in seinem Wachstum zu unterstützen, einer Freundin während ihrer Schwangerschaft zu helfen, einen physischen oder symbolischen **Garten voller Hoffnung** und Versprechen anzulegen.

Auf dem Kopf stehend zeigt die Karte an, dass etwas oder jemand (manchmal du selbst) dem von uns hervorgerufenen Wachstum im Wege steht. Es ist an der Zeit, es oder ihn zu identifizieren, zu überholen und unsere Reise in aller Gelassenheit fortzusetzen. Verkehrtherum liegend kann *Berkanan* ein Gefühl des **Scheiterns** oder der **Stagnation** hervorheben, wobei Ungeduld oft zu einer falschen Entscheidung führt: Es muss reiner Tisch gemacht und das **Für und Wider** für das wachsende Projekt muss klar abgewogen werden. Das **Gleichgewicht** zwischen dem, was man will, und dem, was man braucht, ist entscheidend, um voranzukommen und diesen chaotischen Moment, in dem man das Gefühl hat, die Kontrolle zu verlieren, zu überwinden.

Große Mutter, Geburt, Wachstum
Fruchtbarkeit, Fülle
Hilfe anbieten und geben
Garten voller Hoffnung
Stagnation

Ehwaz

Ehwaz im Urgermanischen oder Eh bzw. Eoh im Altenglischen bedeutet „Pferd". Sie findet sich nicht mehr im jüngeren Futhark, so dass es keine Spur ihres altnordischen Namens gibt. Sie steht der Rune *Iwaz*, mit der sie nicht zu verwechseln ist, nicht nur vom Namen her sehr nahe, sondern auch klanglich, da sie ursprünglich zur Erzeugung des

Klanges [e] verwendet wurde. Auch wenn ihre Form an den Buchstaben M erinnert, hat sie doch nichts mit ihm gemein. Einige wollten darin das Bild zweier Pferdeköpfe sehen, die sich Nase an Nase gegenüberstehen, was ansprechend und poetisch wäre.[19]

Hintergrund

Auf der Karte ist eine junge Frau mit einem weiten weißen Umhang zu sehen, deren Kapuze über ihr langes Haar gezogen ist. Sie lehnt liebevoll über den Hals ihres Reittiers, welches seine Nüstern in einer zärtlichen Geste ihrer Hand entgegenstreckt. Sie scheint im Begriff zu sein zu entscheiden, wohin sie und ihr Pferd in der nächsten Sekunde gehen werden, ihr drittes Auge auf der Stirn ist weit geöffnet, um alle Möglichkeiten, die sich ihr und der Wahrheit als Ganzes eröffnen, klar zu sehen. Das rote Band, das in ihre Zöpfe geflochten ist, zeigt ihre Stärke und Beherztheit, während die Ornamente in ihrem Gesicht ihr einen Hauch von kriegerischem Adel verleihen. Ihre Beziehung zu ihrem Pferd basiert auf Vertrauen und gegenseitigem Respekt, so dass sie weder Sattel noch Zaumzeug braucht, um es zu führen. Auf der gleichen Wellenlänge werden diese beiden Seelen weit zusammen vorankommen, im

19 Vor allem Marie des Bois in Les Sortilèges des runes, Éditions Cercle Beltane, 2001.

Thor, der Beschützer Midgards, mit seinem Hammer, Stich von 1887

dreifachen Galopp auf dem richtigen Weg gestartet.

In den skandinavischen Mythen weit verbreitet, waren Pferde, die beliebtesten Tiere der nordischen Völker, oft viel mehr als nur Schlachtrösser. Während einige von ihnen wertvolle Verbündete auf dem Feld oder in der Schlacht waren, waren andere mit Fruchtbarkeitsriten zu Ehren des Gottes Frey verbunden oder verdienten die große Ehre, nach dem Tod ihres Herrn mit ihm begraben zu werden (s. auch die Rune *Iwaz*).

Die Menschen waren nicht die einzigen Glücklichen, die von der Verbundenheit und Unterstützung dieser edlen Tiere profitierten, denn selbst die Götter besaßen manchmal feurige Schlachtrösser, die in der Lage waren, die Bifröst, die legendäre Regenbogenbrücke, die Midgard und Asgard verbindet, zu überqueren, die Streitwagen von Sonne und Mond zu ziehen oder die Welt mit ihren Mähnen zu erleuchten.

Unter diesen legendären göttlichen Streitrössern ist jedoch keiner berühmter oder magischer als Sleipnir,

Odins großer Schimmel, der die erstaunliche Eigenschaft hatte, nicht vier, sondern acht Beine zu besitzen. Seine Geburt selbst ist eine außergewöhnliche Geschichte.[20]

Zu jener Zeit hatten die Götter gerade den Bau von Midgard und Walhalla abgeschlossen und waren dabei, Asgard fertigzustellen, das in dem großen Weltenbaum Yggdrasil ihr Zuhause sein sollte. Eines schönen Tages kam ein Riese vorbei, der sich als Baumeister ausgab, und bot seine Dienste an, um rund um die Götterburg eine hohe Mauer zu errichten, die alle seine Bewohner vor Angriffen von außen schützen sollte. Er behauptete, dieses Kunststück in nur drei Jahreszeiten vollbringen zu können, und beanspruchte die Sonne, den Mond und die Göttin Freyja als Preis für seine Bemühungen. Empört über diese Dreistigkeit, aber dennoch neugierig angesichts dieses Selbstbewusstseins, akzeptierten die Götter das Geschäft unter der Bedingung, dass die Mauer in nur sechs Monaten gebaut werden sollte. Der Riese akzeptierte bereitwillig und bat nur um die Anwesenheit seines Hengstes Svadilfari an seiner Seite. Von Loki ermutigt, stimmten die Götter dem zu, ohne mit der Gerissenheit des verkleideten Riesen zu rechnen.

Zur Überraschung aller stellte sich heraus, dass der Baumeister mit Hilfe seines formidablen Pferdes, das

20 L'Edda, Récits de mythologie nordique par Snorri Sturluson, übersetzt aus dem Alt-Isländischen, vorgestellt und kommentiert von François-Xavier Dillmann, op. cit.

die ganze Nacht lang schwere Steine trug, eine gewaltige Arbeit leistete. Wenige Tage vor Ablauf der Frist war die Mauer gefährlich nahe an der Vollendung, und die Götter waren besorgt, Sonne, Mond und die sanfte Freyja zu verlieren. Drei Tage vor dem schicksalhaften Datum war nur noch das Eingangstor zu bauen. Wütend peitschten die Götter Loki aus, weil er sie davon überzeugt hatte, sich diesem schrecklichen Handel zu unterwerfen. Um ihrem Zorn zu entgehen, versicherte ihnen der hinterlistige Loki, dass er einen Trick finden würde, um den außergewöhnlichen Baumeister seine Wette verlieren zu lassen.

In dieser Nacht, als der Riese mit seinem Hengst loszog, um schwere Baumstämme aus dem Wald zu holen, um die Türblätter zu bauen, erschien eine kleine Stute, die Svadilfari anwieherte. Dieser, bezaubert und dem Ruf seines Instinkts folgend, zerriss sein Zaumzeug und machte sich an die Verfolgung. Die ganze Nacht über jagten sich die beiden Pferde in wilden Galopp, verfolgten sich gegenseitig und flohen verliebt vor den bestürzten Augen des wütenden Riesen, der seinem Hengst vergeblich Befehle zuschrie. Am Morgen weigerte sich Svadilfari, erschöpft von seinen nächtlichen Eskapaden, hartnäckig zu arbeiten. Wütend erkannte der Baumeister, dass er getäuscht worden war, und offenbarte den Göttern seine wahre Natur als Riese. Diese wandten sich daraufhin an Thor, der dem Riesen Mjölnir, seinen legendären Hammer, ins Gesicht warf, der ihn sofort tötete.

So hatten die Götter ihre Mauer und behielten die Sonne, den Mond und Freyja. Alle freuten sich, außer Loki, der besorgt zu sein schien. Tatsächlich war er es, der, ausgestattet mit gestaltwandlerischen Gaben, die er gewöhnlich benutzte, um Gleichaltrige zu täuschen und auszutricksen, in der Nacht zuvor die Gestalt einer Stute angenommen hatte, um Svadilfari von seiner Arbeit fernzuhalten. Das Unvermeidliche geschah: Elf Monate später gebar Loki ein seltsames Fohlen, grau wie eine Regenwolke, mit acht Beinen und Zähnen, die mit eingravierten Runen bedeckt waren. Odin, der das immense Potenzial in dem jungen Tier (das später als das beste Pferd unter Göttern und Menschen galt) erkannte, machte ihn zu seinem Reittier, und seitdem reitet er auf seinem Rücken über die Erde, den Himmel und das Meer.

Aus einer Täuschung heraus geboren, hätte Sleipnir schlecht enden können, aber im Gegensatz zu den meisten anderen Nachkommen Lokis befreite er sich von seiner beschämenden Geburt, indem er seinem Meister half, die Welt aufzubauen und ihr Gleichgewicht zu bewahren. Wie alle Tiere Odins hat auch Sleipnir seine Schattenseite, insbesondere in seiner Fähigkeit, die Welt der Todesgöttin Hel zu bereisen, ohne die geringste Furcht zu empfinden, und so zu einem

Psychopompos (Seelengeleiter = geleitet die Seelen der Verstorbenen ins Jenseits) zu werden, was manchmal als dämonisch angesehen wird.

Das Pferd Odins, das alle Welten bereisen kann, ist die Darstellung schlechthin für schamanisches Reisen. Symbolisch finden wir dieses Bild auch bei sibirischen Schamanen, die oft ein allegorisches Reittier in Form eines Pferdes benutzen, um von einem Bewusstseinszustand in einen anderen zu gelangen. Odin befestigte Sleipnir am Weltenbaum und hängte sich dort für neun Tage und Nächte auf, um die Runen in Empfang zu nehmen. Schon der Name Yggdrasil wird oft übersetzt als „Odins Ross" (yggr bedeutet „Furcht, Schrecken" und drasill „Pferd", also: „furchterregendes Pferd"[21]).

Die Analogie dieses Namens mit Sleipnir kann kein Zufall sein. So wie Yggdrasil die neun Welten miteinander verbindet, so kann Sleipnir ohne Übergang von der einen in die andere Welt übergehen und stellt somit auch eine Art Bindeglied zwischen ihnen dar.[22]

Deutung

Wenn wir für das Aussehen dieser Rune das Bild zweier sich gegenüberstehender Pferde, reduziert auf Kopf und

21 Raymond Christinger, Le Voyage dans l'imaginaire, Éditions du Mont-Blanc, 1971
22 Jérémie Benoît, Le Paganisme indo-européen, pérennité et métamorphose, Éditions L'âge d'Homme, collection „Antaios", 2001.

Hals, beibehalten, finden wir ein Widerhall ihres Themas: der **Austausch**, die **Begegnung** und die **Reise**, die zuerst im Kopf beginnt. Der Kopf kümmert sich darum, die Botschaft an die Beine weiterzugeben, um so den Körper in Bewegung zu setzen und vorwärtszukommen. *Ehwaz* ist also der Moment kurz vor der eigentlichen Bewegung. Der Moment, in dem unser **Geist**, über das **Gehirn**, entscheidet, unserem Körper die notwendigen Anweisungen zu senden, damit er sich entsprechend seinen Erwartungen bewegt. Es handelt sich daher oft um eine **sehr flüchtige Rune**, die am Ursprung einer Ursache-Wirkungs-Reaktion steht, die im Laufe der Zeit stattfinden wird. Doppelseitig ist sie ein Bild der **Brüderlichkeit**, der **fruchtbaren Verbindung** (im wörtlichen oder metaphorischen Sinne) und vor allem des Vertrauens. Als eine Rune der Bewegung ist sie ein Vehikel des Fortschritts, des Reisens oder der Verlagerung, welches uns zur Vollendung des Projektes führen wird, das wir uns vorgenommen haben.

Spirituell gesehen ist sie die Rune der **seelischen und schamanischen Reisen** und kann darauf hinweisen, dass auf diesen Pfaden Antworten zu suchen sind. Immer schnell, ist sie der Ausgangspunkt für die rasche Ingangsetzung von Ereignissen, die zu dauerhafter und geistiger Harmonie führen. Sie ist der **erste Meilenstein des Neubeginns** und läutet eine Übergangszeit ein, in der es besser werden soll. Wie ein fruchtbarer

Nährboden lässt *Ehwaz* alles wachsen, was ihr anvertraut wird, von der Arbeit über Beziehungen bis hin zu Projekten und Anstrengungen zur Selbstverbesserung. In einer Legung vermittelt diese Rune ein beruhigendes Bild: Wir können **zuversichtlich** sein, bald werden wir die Früchte unserer Arbeit ernten.

Auf dem Kopf stehend deutet diese Karte einen **Moment der Unbeweglichkeit** an und warnt vor einer Chance, die möglicherweise nicht genutzt wird, wenn wir nicht sehr schnell aus dieser Situation herauskommen. Dennoch ist sie nie zutiefst negativ und soll einmal mehr beruhigend wirken: Vielleicht war es einfach nicht der richtige Zeitpunkt. Es werden sich weitere Gelegenheiten bieten, und die Erfahrung, die diese Rune hinterlassen hat, wird es uns dann ermöglichen, sie unverzüglich zu nutzen, um in den Genuss ihrer Vorteile zu kommen.

Bewegung, Fortschritt, Reise
Gedanke, Ursprung, Neubeginn
Brüderlichkeit, Vertrauen
Fruchtbare Verbindung
Moment der Unbeweglichkeit

Mannaz

Maðr auf Altnordisch und Mannaz auf Urgermanisch führten zum Altenglischen „man“, wobei all diese Wurzeln dem englischen Begriff man und dem deutschen Wort „Mann“ entsprangen, die alle „Mann“ bedeuten, verstanden in einem doppelten Sinn von Männlichkeit und Menschlichkeit. In der Form der vorhergehenden Rune ziemlich ähnlich, kodierte sie ursprünglich den von unserem Buchstaben M erzeugten Ton. Ihre Form erinnert an eine Mischung aus den Runen *Iwaz* und *Dagaz* oder zwei *Wunjo*-Runen, die sich gegenüberliegen. Sie hat wenig mit der Vorstellung zu tun, die man von der Silhouette eines Menschen haben kann, aber seine Geometrie und Symmetrie erinnert an eine Idee des Gleichgewichts und der gegenseitigen Unterstützung. Viele andere Runen, wie z. B. *Gebo, Dagaz, Iwaz* und *Wunjo*, sind in ihrem Aufbau wiederzufinden. Eine Rune, die dementsprechend als „vollständig" wahrgenommen wird, kann auch den Kosmos repräsentieren.

Hintergrund

Auf der Karte dieser zwanzigsten Rune des Futharks schwebt die Welt in der heute bekannten Vorstellung als Globus im Zentrum eines bläulichen, von einem goldenen Nimbus durchzogenen Kosmos. Um sie herum kreisen fünf weibliche Gesichter, wie Mondsatelliten, deren Haare sich in einem komplexen Netz aus wellenförmigen Zöpfen ausbreiten und sich wie ein schützender Kokon um die Erde legen.

Wir können nicht genau sagen, welches Gesicht zu welchem Zopf gehört, denn sie alle sind miteinander verbunden in einem Bild eines vergänglichen Gedankenaustauschs, vielleicht Träume jener Frauen mit geschlossenen Augen, die sie auf die Erde für deren Bewohner projizieren, wovon wir Menschen ein wesentlicher Bestandteil sind.

Genau wie der natürliche Satellit der Erde, mit dem die Rune *Mannaz* manchmal assoziiert wird (der Mond), zeigen diese Gesichter immer die gleiche Seite, wo immer sie sich in Bezug auf den Erdball auch befinden. Das Netzwerk, das ihre Haare bilden, erinnert uns daran, dass das Einzigartige der Menschheit ihre Fähigkeit ist, sich zu verbinden, eine Wechselbeziehung mit ihren Mitmenschen und mit der sie umgebenden Natur einzugehen, was wir aber manchmal zu vergessen pflegen. Durch ihre symmetrische Anordnung und Symbolik verpflichtet sich *Mannaz,* uns daran zu erinnern.

Weltenesche Yggdrasil mit neun Welten, Stich von 1886 (s. auch S. 2)

Wenn wir heute mit dem Weltbild in Form eines gigantischen, im Weltraum schwebenden Globus vertraut sind, so war dies nicht immer so. Während im Mittelalter lange Zeit die Vorstellung von einem flachen Land wie einer Scheibe, aus der das Wasser der Ozeane in einer kontinuierlichen Kaskade in die

Unterwelt floss, vorherrschte, bietet die nordische Mythologie ein viel komplexeres und einzigartigeres Bild in Form von neun verschiedenen Welten, die von einer gigantischen Esche namens Yggdrasil getragen werden (s. auch die Rune *Ehwaz*).

Ihre drei Wurzeln verbinden die drei Hauptwelten: Asgard, der Bereich der Aesir-Götter (höhere geistige Gottheiten), Midgard (die „mittlere Welt", die die Menschen beherbergt, in der Mitte des Baumes) und Niflheim („Welt der Nebel", das eisige Gebiet, in der die Nibelungen, Schätze schmiedende Zwerge und die Seelen derer leben, die an Krankheit oder Alter gestorben sind). Die Vanen (mit den Aesir verbündete Fruchtbarkeitsgottheiten) residieren in Vanaheim. Die Lichtelfen, Personifikationen des Lichts, haben ihr Quartier in Alfheim, während ihre Gegenspieler, die Dunkelelfen (auch Schwarz-Alben), Charaktere der Finsternis, sich in Svartalfaheim niedergelassen haben. Die Riesen, ewige Gegner der Götter, haben in Jötunheim ihre Heimat. Der Wohnsitz der Feuerriesen ist Muspellheim. Ganz unten, unter den Wurzeln, liegt schließlich das unterirdische Königreich der Totengöttin Hel, Helheim.[23]

Der Ursprung dieses mythischen Baumes ist in den mythologischen Texten nicht bekannt, obwohl

23 Régis Boyer, Yggdrasil, la religion des anciens Scandinaves, Éditions Payot, 1981.

bekannt ist, dass Bäume in der nördlichen Kosmogonie von überragender Bedeutung waren. Wie die Welt hatte auch der Mensch einen pflanzlichen Ursprung, da er aus zwei Baumstümpfen geschaffen wurde.

Snorri Sturluson erzählt in seiner Edda,[24] dass es die Söhne von Bor, der Urgottheit der Antike, Odin, Vili und Vé waren, die beim Spaziergang am Meer die ersten beiden Menschen aus zwei Baumstümpfen formten, die sie am Strand fanden. Der erste der Söhne hauchte ihnen Leben ein, der zweite verlieh ihnen Intelligenz und die Fähigkeit, sich zu bewegen, während der dritte über ihr Aussehen entschied und ihnen Hören, Sehen und Sprechen gab. Nachdem sie sie bekleidet hatten, kamen sie überein, sie Ask („Asche") für den Mann und Embla („Erle" oder „Ulme") für die Frau zu nennen, bevor sie sicher in Midgard untergebracht wurden, damit sie dort gedeihen konnten.

Diese Vorstellung von den ersten Menschen, die aus Baumstämmen (lebendige und pflanzliche Materie, im Gegensatz zu dem von der christlichen Genesis verwendeten toten Staub) geschaffen wurden und dazu bestimmt waren, in einer Welt zu leben, die ihrerseits von einem riesigen Baum getragen wird, veranschaulicht mehr denn je die gegenseitige

24 L'Edda, Récits de mythologie nordique par Snorri Sturluson, traduit du vieil islandais, introduit et annoté par François-Xavier Dillmann, Éditions Gallimard, collection „L'Aube des peuples", 1991.

Abhängigkeit zwischen dem Menschen und seiner Umwelt: Er ist Teil des Ganzen, ein Fragment eines Ganzen, und nicht eine Schöpfung, die dazu bestimmt ist, sich von ihm zu lösen, um ihn zu beherrschen.

Deutung

Mannaz als die „menschlichste" unter den Runen bezieht sich offensichtlich auf das **tiefste Selbst**, auf unseren menschlichen Zustand und auf unsere eigene **Menschlichkeit**. Sie bringt uns als Individuen in die Welt zurück, als wesentlicher Bestandteil der Welt, der dazu bestimmt ist, sich so fließend wie möglich in sie zu integrieren. Ein in vollkommener Ausgewogenheit erreichtes Menschenbild fördert auch Bescheidenheit (schließlich sind wir nur ein winziges Fragment eines Ganzen, das über uns hinausgeht, und wir müssen uns immer unserer Sterblichkeit bewusst sein) und Altruismus gegenüber unseren Mitmenschen und allen Lebewesen.

Als **Rune der Macht und Intelligenz** zeigt sie an, dass wir am richtigen Ort sind und dass wir alle Karten in der Hand haben, um zu werden, wer wir sein wollen. Sie ist die Rune menschlicher Handlungen, des **sozialen Austauschs** und der **Kommunikation** zwischen Individuen und zwischen den verschiedenen Schichten unserer Persönlichkeit zu einem kohärenten Ganzen. Sie erinnert uns daran, dass es sinnlos ist, anderen gegenüber ehrlich zu sein, wenn wir nicht auch **ehrlich zu uns selbst** sind.

Der menschliche Zustand sollte nicht getrennt von der Natur betrachtet werden, wie es heute üblich ist, sondern als **Teil eines großen Ganzen**, in perfekter Verschmelzung. Wir müssen uns immer daran erinnern, dass, so wie wir selbst Bäume waren und die Welt selbst ein Baum ist, jeder von uns eine kleine individuelle Welt ist, die ihren Reichtum und ihre Existenz in demütigen und großzügigen Kontakt mit anderen findet. Es ist nicht die Zeit, sich durch Stolz oder Hochmut von anderen zu unterscheiden, sondern um den **eigenen Weg zur Erfüllung** zu verfolgen. Wenn es Wettbewerb geben soll, kann er nur mit uns selbst stattfinden, unter keinen Umständen mit anderen. Die Runen, die sich in der Form von *Mannaz* wiederfinden, erinnern uns an die Eigenschaften, die wir in uns selbst suchen sollten: **Freude** *(Wunjo)*, die Fähigkeit, unser **Schicksal selbst in die Hand** zu nehmen *(Ehwaz)*, den **vergänglichen Charakter, der die Schönheit** jedes neuen Sonnenaufgangs ausmacht *(Dagaz)*, wahrzunehmen und ihn mit anderen zu **teilen** *(Gebo)*. Erkenne dich selbst, und du wirst alle Schlüssel in der Hand haben, um voranzukommen.

Auf dem Kopf stehend zeigt sie an, dass die Barriere zwischen dem, was wir sein wollen, und dem, was wir wirklich sind, **blockiert** ist, entweder aus Stolz oder weil wir versuchen, an einem Idealbild festzuhalten, das zwar angenehm und erfreulich ist, aber nicht für uns, da es nicht unserer tiefsten Natur entspricht. Es kann zuweilen verlockend sein, uns für etwas zu halten, was wir nicht sind, aber wir dürfen nicht vergessen, dass dies eine Lüge bleibt, die uns nur in die Irre führen kann.

Wenn es einen Feind für unseren Fortschritt gibt, dann sind wir es selbst. Es ist an der Zeit, den Prozess des Wachstums von der Wurzel her zu beginnen, mit Bescheidenheit und Ehrlichkeit, um unter guten Bedingungen zu gedeihen und der Welt die Früchte zu geben, die wir zu tragen bestimmt sind.

Mensch, tiefstes Selbst
Menschlichkeit, Kommunikation
Macht, Intelligenz
Teil eines großen Ganzen
Selbstehrlichkeit

LAGUZ

Im Altnordischen heißt sie Lögr, was „Wasser“ oder „Wasserfall“ bedeutet. Ihre Namen im Urgermanischen (Laguz) und Altenglisch (Lagu) verweisen beide auf eine ähnliche Idee, da sie „See“ bzw. „Meer“ bedeuten. Ihre Form erinnert an einen Wasserstrahl. Sie wurde ursprünglich verwendet, um den von unserem Buchstaben L erzeugten Ton zu kodieren.

Hintergrund

Die Karte der *Laguz*-Rune ähnelt dem Schnappschuss einer fantastischen Kreatur, wie die beunruhigenden und vergänglichen Fotografien von Fabelwesen wie dem Monster von Loch Ness oder dem tibetischen Yeti, die von glücklichen Fotografen verewigt wurden, die ihre Kameras zu spät herausholten, um ihr Ziel eindeutig festzuhalten.

Wir wissen ganz genau, dass das, was wir dort sehen, eine Meerjungfrau ist, aber sie scheint zu schnell gewesen zu sein, um im ganzen Bild eingefroren zu sein. Alles, was wir ausmachen können, ist der lange, schuppige, von langen Haaren umspielte Fischschwanz der Kreatur, die in die bläulichen Wellen eintaucht. Es ist nicht nötig, ihr Gesicht oder den Rest ihres Körpers zu sehen, allein diese beiden Attribute reichen aus, um sie sicher zu identifizieren: Wer sieht nicht das Bild einer schönen Nymphe vor sich, halb Frau, halb Fisch, die auf einem Felsen sitzt und ihr Haar lasziv kämmt, sobald er das Wort „Meerjungfrau“ in seinem Unterbewusstsein auftauchen hört?

In der nordischen Mythologie gibt es nur wenige Erwähnungen von Meerjungfrauen, wie wir sie kennen, obwohl das Meer und weite Wasserflächen sehr oft durch weibliche Wesen personifiziert werden. Das aufschlussreichste Beispiel ist das der neun Töchter von Ægir, Personifikationen der Wellen des Meeres. Snorri

Sturluson gibt uns die Namen, sehr anschaulich, im Skáldskaparmál[25]: Himinglæva („sie, die zum Himmel glitzert"), Dufa („Welle"), Blodughadda („blutiges Haar"), Hefring („sie, die sich erhebt"), Unnr, Hronn, Bylgia und Bara (andere Ausdrücke für „Welle", was uns eine Vorstellung von der Breite des marinen Vokabulars und damit von seiner Bedeutung gibt) und schließlich Kolga („Kälte"). In diesen Namen finden wir die verschiedenen Aspekte der Wellen des Meeres, die wegen ihrer Schönheit ebenso verehrt werden wie wegen ihrer Kälte und der Gefahr, die sie für Seeleute darstellen können, wenn sie bei Stürmen entfesselt werden.

Loreley-Skulptur von Mariano Pinton, 1979, auf dem Loreley-Felsen am Rhein

Für ein Seefahrervolk, das von allen Seiten vom Meer umgeben ist, ist eine solche Vermenschlichung des maritimen Raumes kaum überraschend und schließt sich dem Mythos der Meerjungfrau an, die Verführerin und Mörderin zugleich ist. Die Eltern

25 L'Edda, Récits de mythologie nordique par Snorri Sturluson, traduit du vieil islandais, introduit et annoté par François-Xavier Dillmann, op.cit.

Melusine – Abb. auf einer Silbermarke der französischen Versicherung „Melusine" (19. Jahrhundert)

dieser neun Wellengöttinnen betonen auch die duale, manchmal großzügige, manchmal abartige Natur des Ozeans. Während ihr Vater, Ægir, ein positives und leuchtendes Bild des Wassers (als Nahrungsquelle und Stütze für die Schifffahrt und damit für Expansion und Überleben) widerspiegelt, verkörpert ihre Mutter, Rán, die Fängerin, die dunkelste Seite des Wassers, dargestellt als finstere Göttin, die die Ertrunkenen in ihrem Netz fängt, um sie in ihr Reich der Toten auf dem Meeresgrund zu bringen. Aber skandinavische und germanische Wassernymphen findet man nicht nur im Meer, auch in Flüssen.

Es ist leicht zu verstehen, dass das Element Wasser in der nordischen, germanischen und skandinavischen Symbolik eines der präsentesten war. Ambivalent, sowohl Quelle des Lebens als auch des Todes, extrahiert es die Komplementarität und Paradoxien aus der symbolträchtigen Rune, einem Bild der Evolution, des Kreislaufs, der Bewegung, der Gesundheit und der

Heilung, aber auch der Anderswelt und der verheerenden Stürme. Das Wasser ist wie die Meerjungfrau, die auf der *Laguz*-Karte mitten beim Abtauchen eingefangen wurde: lebendig, dynamisch, schwer fassbar, weil immer in Bewegung. Sobald sie aufhört, verödet sie und kann das Leben nicht mehr erhalten. Wenn es ihr erlaubt wird, ihren Kurs weiterzuverfolgen, verspricht sie stattdessen Großzügigkeit und Vitalität … unter der Bedingung, dass sie nicht wütend daherkommt, um das zu zerstören, was sie vielleicht einst mit erschaffen hat.

Deutung

Laguz ist eine **Fruchtbarkeits-Fülle-Rune**, die weit über die physischen Grenzen hinausgeht. Sicherlich erinnert sie an **Lebensenergie**, **Gesundheit**, **Heilung**, an ständige fließende Bewegung wie Blut, das in den Adern pocht, aber auch an psychische Qualitäten, wie Intuition und Emotionen, die dieses Element verkörpert. Sehr weiblich, ruft sie dazu auf, den **„weiblichen“ Teil** eines jeden von uns **zu wecken**, **Sensibilität**, **Fruchtbarkeit**, **künstlerische Fähigkeiten**, **Inspiration**, **Sexualität** von ihrer sinnlichsten Seite aus gesehen, ohne jegliche Perversität. Als Quelle der Inspiration und Heilung lädt sie uns ein, aus ihren frischen Wassern die **Reinigung von Seele** und Körper zu schöpfen, die zur Heilung und Überwindung aller Arten von Leiden, ob körperlich oder nicht, notwendig ist. In Verbindung mit der Vergangenheit und den Erfahrungen jedes Einzelnen wirft sie einen nicht wertenden Blick auf unsere Reise und lädt uns ein, Bilanz zu erstellen, um daraus die notwendigen Lehren zu ziehen.

Wenn sie in einer Legung erscheint, kann sie darauf hinweisen, dass wir gegenwärtig in einem emotionalen Strom gefangen sind, den zu verdrängen vergeblich wäre: Im Gegenteil, wir müssen ihm freien Lauf lassen, um aus dieser Erfahrung „gereinigt", „geheilt" herauszukommen. Auf der psychischen Ebene deutet sie auf latente Gaben hin, die es zu nutzen gilt: Die Intuition ist eine sichere Richtschnur, der man ein aufmerksames Ohr schenken und ihre Ratschläge gewissenhaft befolgen sollte, ohne unbedingt zu versuchen, sie zu analysieren oder sie vom Standpunkt der Vernunft aus zu verstehen. Als Zeichen einer guten allgemeinen Gesundheit ist sie eine Einladung, sich um seinen Körper zu kümmern und sein Potenzial auszuschöpfen, insbesondere indem man ihn mehr denn je mit der Natur (wieder-) verbindet, deren Teil er ist, und nicht dessen Eindringling.

Wenn *Laguz* **in schwierigen Zeiten** in einer Legung erscheint, zeigt dies, dass die Zeit der großen

Reinigung gekommen ist, um frei auf den Gewässern des Wandels und der Entfaltung zu segeln. Dazu bedarf es wenig Anstrengung, nur das Loslassen und die Hingabe an den Lebensfluss wird **wahre Befreiung** ermöglichen.

Auf dem Kopf stehend konzentriert sie sich auf Auswüchse, die eingedämmt werden müssen, bevor sie uns völlig überwältigen. Dies kann eine **schlechte Angewohnheit** sein (insbesondere im Hinblick auf Lebensgewohnheiten wie Rauchen, Alkohol oder ungesundes Essen), oder es kann sich um eine Emotion handeln, die zu lange unterdrückt wurde; von der wir glaubten, sie unter Kontrolle zu haben, und die plötzlich wieder auftaucht, mit der Gefahr, dass wir den Boden unter den Füßen verlieren. Es ist an der Zeit, in aller Bescheidenheit einen klaren Blick auf unsere eigene Stärke zu werfen. Es ist nie eine Schande, um Hilfe zu bitten, wenn die Ereignisse über uns hereinbrechen, ganz im Gegenteil. Wichtig ist nur, dass wir aus Fehlern oder Versuchen lernen, auch wenn das bedeutet, dass jemand oder etwas unsere Hand halten muss: Das Gute des **Lernprozesses** und die erworbene Weisheit wird dadurch nicht geschmälert. Sie kann auch auf eine schwache oder zurückgehende Intuition hindeuten, vielleicht weil ihr nicht genug zugehört wurde oder sie von Zweifeln oder Ängsten getrübt ist.

Es ist an der Zeit, aus dem unaufhörlichen Strom der aufgewühlten Gewässer herauszukommen, um ehrlich und bescheiden Bilanz zu ziehen, und dadurch wieder in ruhigeres Fahrwasser zu gelangen.

Fruchtbarkeit, Fülle
Lebensenergie, Gesundheit
Heilung, Reinigung der Seele
Kunst, Inspiration
Lernprozesse

Ingwaz

Auch wenn diese Rune, die sich nicht mehr im jüngeren Futhark findet, strenggenommen keinen entsprechenden Namen im Altnordischen hat, so verbinden die urgermanischen und altenglischen Wurzeln Ingwaz, bzw. Ing sie doch mit der nordischen Gottheit Yngvi, einem Fruchtbarkeitsgott, der oft als Beiname für den Gott Freyr gesehen wird. Sie wurde verwendet, um den Klang [ŋ] (transkribiert als „ng", wie in „Heilung") zu kodieren, typisch für angelsächsische und germanische Sprachen. Wie bei der Rune *Algiz* ist es interessant festzustellen, dass der von dieser Rune erzeugte Klang nicht ihrem akrophonischen Klang entspricht (d. h. dem Klang, der von der Initiale ihres Namens erzeugt wird), da der Klang [ŋ] niemals am Anfang eines Wortes steht. Ihre Rautenform erinnert an die Silhouette eines Eies oder die eines Mutterleibs (wofür das orientalische Zeichen der Yoni ein gutes Beispiel ist). Neuere Versionen des Runenalphabets (insbesondere das angelsächsische Futhork) verlängern ihre Segmente und erinnern so an die Überlagerung von zwei *Othala*-Runen, die symmetrisch auf beiden Seiten der Raute angeordnet sind.

Hintergrund

Yngvi ist eine Gottheit, die noch immer von Geheimnissen umhüllt ist. Die Mythologie stellt sie an den Ursprung der legendären schwedischen Königsdynastie der Ynglinger, deren historische norwegische Herrscher behaupteten, von Harald I. Schönhaar, dem ersten König von Norwegen (872–931), abzustammen.[26]

Nach einem verschollenen Epos, der Skjöldunga-Sage, die wahrscheinlich um 1180–1200 datiert ist und von der wir nur Auszüge aus anderen Sagen kennen, eroberte der oberste Gott der Asen Odin Nordeuropa und schenkte Schweden seinem Sohn Yngvi, während er Dänemark seinem anderen Sohn Skjöldr schenkte. Seitdem werden die schwedischen Dynastien als die Ynglinger und die dänischen als die Skjöldungen bezeichnet.[27]

Es ist nicht widersprüchlich, Yngvi als einen anderen Namen des Gottes Freyr zu betrachten (Freyrs Name, „souverän", könnte aufgrund seiner Popularität letztlich nur ein Beiname sein), da die ältesten Versionen der Mythologie ihn für einen der Söhne Odins halten. Freyr wird daher in den Texten oft als Yngvi oder Ingvi bezeichnet.[28]

Freyr auf seinem Eber Gullinborsti, Abb. auf einer schwedischen Briefmarke aus dem Jahr 1981

26 Histoire des rois de Norvège par Snorri Sturluson, traduit du vieil islandais, introduit et annoté par François-Xavier Dillmann, Éditions Gallimard, collection „L'Aube des peuples", 2000.

27 „Odin hatte einen seiner Söhne namens Yngvi bei sich, der nach ihm König in Schweden war, und die von ihm stammenden Häuser werden Ynglings genannt", in L'Edda, Récits de mythologie nordique par Snorri Sturluson, aus dem Alt-Isländischen übersetzt und kommentiert von François-Xavier Dillman, op. cit.

28 Zum Beispiel in der Lokasenna, Strophe 43. Für weitere Informationen siehe Régis Boyer, Yggdrasil, la religion des anciens Scandaves, op. cit.

Die Existenz einer germanischen Göttin namens Ingun ist ebenfalls bezeugt und könnte mit Yngvi in Verbindung gebracht werden, ebenso wie eine Gottheit namens Ing, die in angelsächsischen Quellen als dänische Gottheit bezeichnet wird. Freyr wäre somit eine extrem alte Gottheit, deren Ursprünge verlorengegangen sind und die verwechselt werden. Wahrscheinlich eine archetypische oberste Gottheit (daher der Name, den Snorri Sturlusson ihm in seiner Edda gab: veraldargod, „Gott der Welt") der Fruchtbarkeits- und Fertilitätsvorstellungen, die ihre Funktionen den Gottheiten der Vanen, deren Galionsfigur er ist, übertragen hat. Unter dem Aspekt des Yngvi ist er die ursprüngliche Essenz, primär und wild, der Fortpflanzungsinstinkt am Ursprung des Lebens, Garant für dessen Dauerhaftigkeit und den ewigen Kreislauf von Leben, Tod und Wiedergeburt.

Auf der Karte wird diese Idee durch das Bild des Eies, Matrix aller Dinge, Träger der Schöpfung und Symbol der Fruchtbarkeit dargestellt. Selbstbewusst auf einem Nest aus blühenden Zweigen, Heidekraut und duftendem Lavendel platziert, scheint es von seiner inneren Aura heraus zu strahlen, eingehüllt in einen warmen goldenen Schein. Was wird aus ihm herauskommen? Es ist unmöglich zu sagen, aber am Ende spielt es keine Rolle. Die einzige Gewissheit, die wir haben, wenn wir es betrachten, ist, dass es Leben spendet, denn es ist dazu bestimmt, zu schlüpfen, wenn der Funke, den es in sich trägt, die Reife und Entwicklung erreicht hat, die notwendig sind, um sich der Welt zu stellen und in ihr zu überleben.

Dieses Potenzial des Keimens drückt sich im Symbol des Eies aus, das z. B. in unseren heutigen Osterfeierlichkeiten immer noch zu finden ist. Dieses in der christlichen Tradition verwurzelte Fest mit germanischen Ursprüngen feierte die Ankunft des Frühlings, Träger des Lebens und der Verheißung auf bessere Tage, unter der Schirmherrschaft der Göttin Ostara/Eostre, von der das Fest seinen Namen hat. Es ist interessant festzustellen, dass Ostern auch heute noch im Englischen als Easter bezeichnet wird, ein Überbleibsel des Namens dieser Fruchtbarkeitsgöttin (die in vielerlei Hinsicht mit Freyja, Schwester und Spiegelbild Freyrs, verglichen werden könnte).

Die Umrandung der Karte, die an die Verzweigungen von Wurzeln, Ästen oder Haaren erinnert, unterstreicht mehr denn je die Symbolik des Eies. Genau wie der Mutterleib, dessen ovale Form es teilt, steht das Ei für eine doppelte Symbolik, nämlich die der Empfängnis des Lebens im wörtlichen Sinne, das im Mutterleib keimt und sich auf das Schlüpfen vorbereitet, und, mehr im übertragenen Sinne, die des Projekts, der Idee, in fruchtbarer Erde keimend und darauf wartend, im richtigen Moment auf die Welt gebracht zu werden.

Deutung

Als bedeutsam für den Gott Yngvi-Freyr besitzt die Rune *Ingwaz* ein rohes **schöpferisches Potenzial**, reichhaltig und fruchtbar. Sie veranschaulicht den **Moment kurz vor der Geburt**, und die darin latent vorhandene Energie, da sie sich in der physischen Welt noch nicht manifestiert hat. Das schmälert keineswegs ihre Macht, ganz im Gegenteil: Es zeigt einfach, dass wir den richtigen Moment abzuwarten wissen, um zu schlüpfen, um sich zu öffnen und auf die Welt zu kommen. Wenn ein laufendes Projekt lange Zeit auf Eis gelegt wurde, ist es jetzt an der Zeit, es wieder aufzunehmen, um seinen Wachstumsprozess abzuschließen und zu konkretisieren. Auf eine direktere Art und Weise kann diese Rune auch auf eine zukünftige Geburt hinweisen.

Es ist auch das Bild der **Konsequenz unseres Handelns**: Wir haben die **Saat** für etwas gesät, gut oder schlecht, und bald wird die Zeit kommen, das **Ergebnis zu ernten**. Wenn es gute Samen sind, können wir uns freuen, denn bald werden wir die Früchte unserer Bemühungen genießen. Wenn sie andererseits schlecht sind und auf negativen Gefühlen beruhen, müssen wir bereit sein, die Konsequenzen zu tragen und sie möglicherweise in Ordnung zu bringen, wenn wir die Macht dazu haben.

Wir sind **verantwortlich** für das, was wir in die Welt bringen, Licht oder Finsternis. Externe Faktoren mögen uns beeinflusst haben, aber wir allein sind für unser Handeln verantwortlich, denn wir haben immer das Heiligste aller Rechte und Potenziale: den **freien Willen**. Es liegt an jedem von uns, **Herr seines eigenen Schicksals** zu sein. Bald wird die Zeit der Befreiung nach der Arbeit kommen, der neuen Anfänge, von denen wir in einem gesunden Geist profitieren können.

Der Moment vor der Geburt ist nicht immer bequem und einfach, aber es folgt immer eine Erleichterung. Während der Schmetterling unter Schmerzen kämpft, um aus seiner Puppe herauszukommen, gibt dieser Kampf gegen die schützende Hülle seinen Flügeln Kraft und bereitet ihn auf sein zukünftiges Leben vor. Ohne dieses Leiden hätte der Schmetterling Flügel, die zu schwach zum Fliegen wären, und würde in wenigen Stunden sterben.

Als ein Moment des Wachstums kann *Ingwaz* auch auf die Notwendigkeit hinweisen, über bestimmte Aspekte unseres Lebens zu meditieren, um sie besser zu verstehen, oder unsere Energie für eine Prüfung oder einen Moment intensiver Aktivität zu verdichten. Die Eierschale lenkt unsere Aufmerksamkeit auch auf den **Schutz**, den wir brauchen, um unsere Ideen, unsere

Projekte, unsere Kinder zu umgeben, damit sie in Frieden wachsen können. Als **Sinnbild der Geduld** kündigt diese Rune einen günstigen Moment an, um zu keimen (wörtlich oder im übertragenen Sinne) und Wurzeln zu schlagen. Es ist an der Zeit, sich die **Zeit zu nehmen**.

Diese Rune hat keine umgekehrte Form.

Dagaz

Aus dem urgermanischen Namen Dagaz und dem altenglischen Wort Daeg sind der heutige deutsche „Tag“ und der englische „Day“ entstanden. Im jüngeren Futhark findet sie sich nicht mehr, was bedeutet, dass es keinen altnordischen Namen für diese Rune gibt (wir können jedoch versuchen, das Wort dagr, das „Tag“ bedeutet, in Verbindung mit ihr zu bringen). Sie wurde ursprünglich zur Kodierung der Laute [d] oder manchmal [ð] verwendet, wobei der erste durch unseren Buchstaben D erzeugt wurde, der zweite durch den Konsonantenlaut th, der zum Beispiel im englischen Wort „the" zu finden ist. Es sei darauf hingewiesen, dass wir für diesen zweiten Klang lieber die Rune Thurisaz verwenden, die repräsentativer ist. Die Form der Rune *Dagaz* erinnert an zwei einander gegenüberliegende, im Scheitelpunkt verbundene Dreiecke oder zwei sich schneidende Lichtstrahlen.

Hintergrund

Wenn die Einteilung der Zeit, wie wir sie heute kennen (mit Sieben-Tage-Wochen, die in zwölf Monate mit 28, 29, 30 oder 31 Tagen unterteilt sind, insgesamt 365 oder 366 Tage pro Jahr), das Ergebnis einer langen Reise, bestehend aus zahlreichen Prüfungen und Ausprobieren ist, um sie den Zyklen der Natur so nahe wie möglich zu bringen, kann die allererste Einteilung der Zeit in Tag und Nacht nicht in Frage gestellt werden. Sonnenaufgang und Sonnenuntergang sind seit jeher sorgfältig festgelegt worden und haben lange Zeit den Ablauf der Tagesaktivitäten beeinflusst, die im Wesentlichen von dem durch die Sonnenstrahlen erzeugten Licht abhängen.

Noch bedeutungsvoller ist diese Tatsache in den nördlichsten Ländern der skandinavischen Königreiche (vor allem in Island, aber auch im äußersten Norden Skandinaviens), wo aufgrund des Breitengrades sehr unregelmäßige Sonneneinstrahlung herrscht. Das Jahr ist dort in zwei Hauptperioden („misseri" genannt) unterteilt. Eine „klare" Jahreszeit („summar" genannt, was man mit „Sommer" übersetzen könnte), in dem die Sonne kaum untergeht und ihre Strahlen allgegenwärtig bleiben (in Island als „blaue Nacht" bekannt), und eine „dunkle" Jahreszeit (vetr, was dem Winter entspricht), in der im Gegenteil die Nacht vorherrscht, in der die Sonne nur leicht auf- und untergeht und diese sechs Monate in ein seltenes Licht taucht. In Island zum Beispiel geht im Dezember die Sonne nur um elf Uhr morgens auf und um halb fünf Uhr nachmittags unter. Im Januar erscheint sie oft nur für eine Stunde pro Tag, aber dafür werden die Nächte bereits von September an vom Nordlicht erhellt.

Nordlicht – Lofoten, Norwegen

Der zweite Einfluss auf die Zeiteinteilung, viel willkürlicher, da er eher von symbolischer Natur ist, ist die Verbundenheit der skandinavischen Völker zu der Zahl 7. Dies war zweifellos durch die Religion bedingt und unterteilte die Woche so auf natürliche Weise in einen Sieben-Tage-Rhythmus. Es ist interessant festzustellen, dass die nordischen Völker 52 Wochen für ein Jahr hatten (26 pro misseri) oder 364 Tage, was nicht so weit von unserem eigenen Kalendersystem entfernt ist, außer dass es manchmal notwendig war, vier Tage im Jahr hinzuzufügen, zwei im summar und zwei im vetr, um die tatsächliche Umlaufzeit der Sonne von 365,5 Tagen zu vollenden.

Wissenschaftliche Untersuchungen[29] lassen uns verstehen, dass die Tage auch bestimmten Gottheiten oder Ereignissen gewidmet waren. So ist das Äquivalent zum Sunnudagr, was „Tag der Sonne“ bedeutet, der Sonntag, und zum Mánadagr (Tag des Mondes), der Montag. Der Dienstag, Týsdagr, gab auch dem englischen Tuesday seinen Namen und war dem Gott Týr gewidmet (s. auch die Rune *Tiwaz*).

Es ist interessant festzustellen, dass, obwohl sich aus Latein abgeleitete Sprachen von den germanischen und skandinavischen Sprachen unterscheiden, die

29 Vor allem Régis Boyer, La Vie quotidienne des Vikings (800-1050), Éditions Hachette, 1992 et Mœurs et psychologie des anciens Islandais, Éditions Le Porte-Glaive, 1987.

Parallele zwischen dem Dienstag und der Kriegergottheit erhalten geblieben ist (so wird z. B. im Französischen der Dienstag „Mardi“ vom römischen Kriegsgott Mars abgeleitet). Mittwoch, Óðinsdagr, war Odins Tag. In germanischen Ländern Wotan oder Woden genannt, was im englischen „Wednesday“ zum Ausdruck kommt. In den lateinischen Ländern war es Merkur, der dem Mittwoch seinen Namen gab (z. B. „Mercredi“ im Französischen). Das ist nicht überraschend, denn auch wenn diese beiden Gottheiten nicht die gleichen Attribute haben, so haben sie doch eines gemeinsam: List und Weisheit.

Der Donnerstag ehrt den beliebtesten Gott im Pantheon: Þórsdagr, also der Tag des Thors mit dem Donnerhammer. In den lateinischen Ländern ist dieser Tag dem donnernden Jupiter gewidmet (z. B. „Jeudi“ im Französischen).

Der Freitag stellt sich unter den nordischen Völkern unter die Ägide der sinnlichen Liebesgöttin Freyja (Frjádagr). Für die Erben der römischen Eroberungen ist es der Tag der schönen Venus, und heißt auf Französisch Vendredi. Mit dem Samstag, welcher dem Saturn gewidmet ist, bricht diese linguistische Tradition. Denn der skandinavische Begriff „Laugardagr“ bedeutet so viel wie „Waschtag“, was wahrscheinlich als Tag der Arbeit oder der Reinigung interpretiert werden kann (wir haben gesehen, dass die skandinavischen Völker sehr an Hygiene hingen, s. auch Rune *Gebo*).

Auf der Karte tanzt eine Frau mit langen geflochtenen Haaren in einem weiten schwarzen Kleid und erhobenen Armen am Eingang einer Höhle. Ihren Rücken hat sie zur Öffnung gewandt, die Augen sind geschlossen. Durch die steinerne Öffnung sehen wir die Sonne, die auf der leicht gekrümmten Linie des Horizonts aufgeht (was uns daran erinnert, dass die Erde rund ist) und die Dunkelheit der Nacht vertreibt, in der wir aber noch ein paar Sterne erkennen können, die in Sternenbildern verbunden sind. Ihr Tanz scheint die Sonne zum Aufstehen zu animieren, auch wenn sie sie nicht direkt anschaut. Keine Blindheit wie im Mythos von Platons Höhle, wir werden hier Zeuge eines Kultrituals, das für die Sonnengöttin bestimmt ist. In ihren erhobenen Händen leuchtet die Rune *Dagaz* wie eine durch magische Beschwörung materialisierte Energie. Ihre Bewegung ist voller Energie, aber ihr friedliches Gesicht ist von einer olympischen Ruhe.

Ihr Kleid, schwärzer als die Nacht, erinnert uns daran, dass Licht nur aus der Dunkelheit kommen kann. Weit davon entfernt, gefürchtet zu werden, ist die Dunkelheit am besten zu zähmen: Nur wenn wir sie sich in der Nacht und im Winter ansiedeln lassen, können wir auf die Rückkehr von Sonnenschein und Sommer hoffen.

Deutung

Als **Bild des aufgehenden Tages** ist *Dagaz* natürlich ein sehr starkes **Symbol der Erneuerung**, das auf eine Periode hinweist, die zu Ende geht, um eine neue, frischere Phase zu beginnen, befreit von den Resten der Vergangenheit. Sie steht für das **Erwachen nach einer Schlafphase** (wörtlich und im übertragenen Sinne kann sie also auf die Wiederaufnahme der Aktivität nach einer Zeit der Untätigkeit hinweisen, genauso wie die wiedererlangte Klarheit nach einer Erblindung). Sie steht auch für die **Geburt von etwas Neuem**, das hell und lebendig ist und Harmonie und Wohlstand bringt. Eine **Rune des Wandels und der Erneuerung**, da sie der Tag ist, der auf die Nacht folgt, ist sie auch ein Sinnbild für **Wachstum**, **Sieg** und **Heilung**. Sie vertreibt die Ängste und Befürchtungen der Nacht und lässt Raum für die Erholung von Körper und Geist.

In ihrem **reinen Licht** ist keine Täuschung möglich, daher ist sie ein Zeichen dafür, dass wir die **Wahrheit** bald entdecken werden, wenn wir sie suchen, und dass wir durch unsere Bemühungen Gewinn erlangen werden. Wenn wir uns zuvor von den Schatten der Nacht haben täuschen lassen, wird sie die schädlichen Effekte auflösen und verhindern, dass sie unsere Wahrnehmung erneut trüben. In komplexen Situationen, in denen wir uns schnell verloren oder überfordert fühlen, signalisiert *Dagaz*, dass die **Dinge bald klarer werden**.

In manchen Einteilungen des jüngeren Futhark steht sie als letzte Rune, was nicht ohne eine gewisse Logik ist, da sie mit der Idee eines Zyklus verbunden ist, der endet, bevor der nächste beginnt.

Wenn sie **in einer Legung** erscheint, deutet sie oft auf eine **große Veränderung** im Leben des*der Ratsuchenden hin, auf eine intensive Transformation hin zu einer höheren Stufe der Selbstentfaltung. Diese tiefgreifende Veränderung kann sehr komplex sein. Du musst dein Selbstvertrauen bewahren und dem Fluss folgen, um nicht den Boden unter den Füßen zu verlieren, und dich vollständig anpassen. *Dagaz* verändert die Art und Weise, wie wir die Welt wahrnehmen, und das ist oft unumkehrbar. Aber es lohnt sich: Dieser **Umbruch** wird uns zu Erfüllung und Wahrheit führen.

Diese Rune hat keine umgekehrte Form.

Wandel, Erneuerung
Wachstum, Sieg, Heilung
Wahrheit, Klarheit
Erwachen, Umbruch
große Veränderung

Othala

Die urgermanischen Begriffe Õthalan (oder Othala) und das Altenglische Odal bedeuten beide „Familie“. Das altenglische Wort éðel, das „Reichtum“, „Güter“ oder „Wohlstand“ bedeutet, verweist auf die Idee des Erbes, die diese Rune vermittelt, nicht nur in ihrem materiellen, sondern auch in ihrem spirituellen Aspekt. Im jüngeren Futhark findet sie sich nicht mehr, so dass diese Rune keinen bekannten Namen im Altnordischen hat. Es ist jedoch kein Zufall, dass das Wort „Vererbung“ in dieser Sprache óðal heißt. Ursprünglich für den Laut [o] kodiert, ist diese Rune wie eine Raute geformt, die auf zwei gekreuzten Füßen ruht und an das Haus auf Stelzen vieler nordischer Völker und damit an die darin lebende Familie erinnert.

Hintergrund

Auf der Karte dieser letzten Rune überträgt eine alte Frau, wahrscheinlich die Großmutter der Familie, ihr Erbe in Form eines goldenen und leuchtenden Sterns an ihre Enkelin. Der Stern zeigt in alle Richtungen, wie ein Wissen, das es uns erlaubt, die Welt in all ihren Aspekten zu verstehen, mehrere verschiedene und doch komplementäre Kenntnisse zu erlangen. Beide sind umhüllt von dem schützenden Mantel der Großmutter, schwarz wie die Nacht, gefüttert mit einem Pelzkragen, wie ein Schutzraum, eine Hütte, die nur ihnen gehört, in der sie ihre Geheimnisse teilen. Ihre Haare verschmelzen zu einem einzigen Zopf, das Bild einer unzertrennlichen geistigen und emotionalen Verbindung zwischen ihnen, durch die Weisheit und Erfahrung weitergegeben werden können (und das letztlich in beide Richtungen, denn das Mädchen kann ihrer Großmutter zweifellos auch Dinge beibringen, ein Hauch von Jugend, den die Zeit ausgelöscht haben könnte). Auf dem reinen, weißen Kleid der Großmutter ist die Rune *Othala* als Erinnerung an die Bedeutung der Familie mehrfach in Rot gestickt.

Die nordische Gesellschaft basierte in der Tat auf einer Familienstruktur, zu der natürlich Eltern und Kinder gehörten, aber auch Älteste, mögliche Konkubinen, geschworene Brüder (sehr enge Freunde, die einen brüderlichen Eid der gegenseitigen Hilfe und unverletzlichen Unterstützung leisteten und einem komplexen und manchmal schmerzhaften Ritual folgten, das die Blutsbande ersetzen sollte),[30] adoptierte Mitglieder (Eltern oder Kinder) und in einigen Fällen sogar Sklaven, die einen integralen Bestandteil des Haushalts bildeten.

Diese Struktur basierte im Wesentlichen auf dem „zentralen" Paar des Haushalts, dem Familienoberhaupt (húsbóndi, was auf Englisch husband, „Ehemann" bedeutet) und seiner Erstfrau (húsfreyja). Bóndi bedeutet „freier Mann" und bezieht sich auf den einfachen Bürger der Wikingergesellschaft. In erster Linie Landbesitzer (das er erblich an seine Nachkommen weitergibt) ist er meist ein Bauer mit dem Recht, bei Überfällen und Kämpfen Waffen zu tragen und in der öffentlichen Versammlung, dem „thing", zu sitzen, die vom Jarl (Clanchef) geleitet wird und in der politische und rechtliche Entscheidungen getroffen

30 Régis Boyer, Le Monde du double, la magie chez les anciens Scandinaves, op.cit

Wikingersiedlung Haithabu, Rekonstruktion

werden. Um seinen Reichtum zu vermehren und seine Familie zu versorgen, nimmt der Bóndi oft an Expeditionen teil, von denen er hofft, mit Ruhm und mehr Gütern zurückzukehren, um sie an seine Nachkommen weiterzugeben.

In seiner Abwesenheit ist es also die Ehefrau, die sich um Haus und Familie kümmert. Man sagte, sie sei die Herrscherin von „Innan stokks hýbýli“ (wörtlich „innerhalb der heiligen Bezirke des Hauses“), während der Mann „útan stokks“ („außerhalb“) war. Diese Unterscheidung versetzte die Frauen also trotz einer patriarchalischen Gesellschaft in eine Position, in der sie eine gewisse Macht und Achtung genossen, die es ihnen ermöglichte, ihre Rechte als Bürgerinnen geltend zu machen, mehr als in anderen europäischen Ländern jener Zeit. Trotz der Polygamie der Männer und der Tatsache, dass die Konkubinen unter demselben Dach wie die rechtmäßige Ehefrau lebten, war Letztere die einzige mit Autorität, und nur ihre Kinder konnten die Erbfolge beanspruchen. Immer im Haushalt präsent, auch wenn ihr Mann oft abwesend war, trug sie die Schlüssel des Hauses am Gürtel, Symbol ihrer Autorität, und es lag an ihr, die Erziehung der Kinder zu übernehmen und Traditionen, landwirtschaftliches und handwerkliches Wissen (vor allem Weben) weiterzugeben. Als Hüterin der Familienbräuche, wachte sie auch über Geheimnisse und religiöse Sitten (denn die Wikinger hatten keinen Tempel als solchen, sondern verehrten die Götter innerhalb der Mauern ihrer eigenen Häuser, die dann selbst zu Tempeln wurden).[31] Die meisten magischen Praktiken (Seiðr) wurden also nur von Frauen ausgeübt.

Es ist auch interessant zu wissen, dass die Wikingergesellschaft versuchte, ihre schwächsten Mitglieder, die Gebrechlichen, die Kranken, die einsamen Alten, die Armen usw., durch eine soziale Hilfspflicht, genannt „heppr", zu unterstützen. Wenn der Unglückliche keine oder nicht mehr genug Familienmitglieder hatte, um ihn zu schützen, konnte der Bezirk („fjordungar" genannt), die Provinz oder das ganze Land Hilfe leisten. Der heppr bestand in der Regel aus mindestens zwanzig Bóndi, die eine Steuer eintrieben, von der sie ein Viertel an die Bedürftigen abgaben. Es war nicht ungewöhnlich, dass jede Familie auch freiwillig überschüssige Lebensmittel, die sie nicht verbrauchten, spendete, um den Bedürftigsten zu helfen.[32]

31 Régis Boyer, La Vie quotidienne des Vikings (800-1050), op. cit.
32 Régis Boyer, Les Vikings, Éditions Robert Laffont, 2008.

Deutung

Als **Rune der Familie und der Hinterlassenschaft** repräsentiert *Othala* das **Erbe** (in Form von Besitz oder in seinen spirituellsten Aspekten), materiellen Besitz, aber auch die Gemeinschaft im weiteren Sinne. Im Verlauf eines Geschäfts kündigt sie dessen Abschluss an. Unmittelbarer ist sie das Bild der **Entstehung einer Familie**, ihrer Konsolidierung, und kann weit über die einfachen Blutsbande hinausgehen und sich auf alle diejenigen erstrecken, die uns nahestehen und die wir als Teil unseres „Kreises" betrachten.

Auf sich selbst bezogen zeigt sie an, dass wir durch unser Handeln der **Selbstverwirklichung** und einem breiteren **kosmischen Bewusstsein** näherkommen, dank einer großen Klarheit und einer tiefen Unterstützung durch unsere Wurzeln und unserer Traditionen, die uns durchdringen. Als Abbild unserer Herkunft lädt sie uns ein, dorthin zurückzukehren, um das zu suchen, was wir hier und jetzt brauchen, um **Trost bei der Familie**, bei den Ältesten und den Eltern zu suchen.

Wie die stabile und gut durchdachte Familienstruktur der Wikinger hilft sie uns, die Organisation zu finden, die wir für die Durchführung unserer Projekte benötigen. Prosaischer ausgedrückt, zeigt sie an, dass du bald dein **Zuhause** finden wirst, wenn du auf der Suche nach einer Wohnung bist. Dass du bereit bist, eine Familie zu gründen, oder dass du ausreichend gerüstet bist, um dein Zuhause und das Eigentum und die Menschen darin effektiv zu schützen.

In Hinblick auf Erbschaft kündet *Othala* **erfolgreiche Anschaffungen** und den **Gewinn** aus ergriffenen Maßnahmen an. Sie deutet an, dass es gewinnbringend sein kann, den Rat derer zu suchen, die vor uns kamen, da wir aus ihren Erfahrungen viel lernen können.

Auf dem Kopf stehend zeigt sie an, dass wir vielleicht zu sehr versuchen, uns an eine Tradition zu binden, oder an eine Familie, eine Art, Dinge zu tun, die nicht unbedingt zu dem passt, wer wir sind oder was wir brauchen. Manchmal ist es notwendig, einige veraltete Bindungen abzuschneiden. Es ist an der Zeit, sich neu zu definieren, und überholte Gesten, Bindungen oder Gewohnheiten aufzugeben, die mehr zur Last als zur Stütze geworden sind. Jetzt ist der Moment, **sich von den alten Mustern der Vergangenheit** zu lösen, um neue, angemessenere zu schaffen.

Familie, Erbe, Ahnen
Selbstverwirklichung
Kosmisches Bewusstsein
Zuhause, Trost, Gewinn
Loslösen

Autorin und Künstlerin

Gulliver l'Aventurière (richtiger Name: Julie Lapierre), Künstlerin

Die Illustration des Runenorakels wurde mit dem Wunsch geboren, ihre Bedeutung zu lernen. Ich wusste bis dahin wenig oder gar nichts über ihre Geschichte, aber ich spürte instinktiv, dass sie es mir erlauben würden, meinen künstlerischen und magischen Horizont zu erweitern und meine Vorstellung von Wahrsagerei weniger fragmentiert erscheinen zu lassen. Die Runensymbole waren mir ständig begegnet, beim Lesen, beim Betrachten von Bildern oder beim Spazierengehen. Ich stieß auf Formen, Objekte, Geschichten, die mich unbewusst (oder auch nicht) auf sie verwiesen, so dass ich weiter gehen wollte. So begann ich durch Lektüre, reale und virtuelle Begegnungen, dieses Universum besser zu verstehen, und als Illustratorin hatte ich natürlich den Wunsch, die Runen noch besser kennenzulernen, indem ich Bilder von ihnen schuf. Also zeichnete ich die Runen, um sie auswendig zu lernen, um sie zu fühlen, um sie besser zu „sehen", um sie zu verstehen. Meine Herangehensweise blieb jedoch sehr intuitiv, und u.a. aus diesem Grund fragte ich Sophie Garnier, ob sie bereit wäre, diesem Projekt die Grundlagen zu geben, die ihm fehlten: die Sicht einer Wahrsagerin, einer Historikerin, eines leidenschaftlichen Menschen und vor allem die Sicht einer Hexe! Sie stimmte zu … und das Runenorakel war geboren.

Lyra Ceoltóir (richtiger Name: Sophie Garnier), Autorin

Runen und slawische, germanische und nordische Mythologien standen schon immer im Zentrum meiner Spiritualität. Als Heidin und Hexe verwende ich diese heiligen Symbole sehr oft in meiner Praxis, um Zaubersprüche zu weben oder Amulette und Siegel herzustellen. Julies wunderbare Illustrationen waren für mich eine Gelegenheit, in ihre divinatorische Sichtweise einzutauchen, was sich als sehr intensiv und spannend herausstellte. Sie hat diesem Universum ihre ganz persönliche, lebendige und magische Vision beigefügt, durch diese Frauen mit langen Haaren, die auf den Karten mit einer bewundernswerten symbolischen Tiefe dargestellt sind. Da ich mich leidenschaftlich für Geschichte und die Rekonstruktion des Mittelalters interessiere, wollte ich diesem Orakel eine „wissenschaftliche" Dimension verleihen, indem ich jede Karte auf eine kulturhistorische Grundlage stellte, insbesondere durch die Arbeit von Régis Boyer und François-Xavier Dillmann. Obwohl die Runen immer noch geheimnisumwittert sind, wirst du vielleicht in der Lage sein, einige ihrer Mysterien mit Hilfe dieses Kartendecks zu enträtseln …

Bildquellen

StockAdobe.com

I S. 2 + 23 + 169: Yggdrasil the Tree of Life, 1886 © Archivist I S. 6: Fountain Geyser throws azure water © Kushnirov Avraham I S. 13: Räuchern mit Salbei © LoSa I S. 32: Hirschgeweih © nadezhdash I S. 34: Yggdrasil the Tree of Life in Norse mythology, 1847 © Archivist I S. 35 ff: Mystical viking runes. Ancient pagan talisman, norse rune symbol. Mysticism awe vector symbols © Tartila I S. 37 ff.: Magic ancient viking art deco, Vegvisir magic navigation compass ancient. The Vikings used many symbols in accordance to Norse mythology, widely used © robin_ph I S. 38: Ochsenhörner © nadezhdash I S. 40 + 94 + 100: 3 Norns © Erica Guilane-Nachez I S. 44: Collection of hand drawing hawthorn © Maria I S. 46: Glastonbury Thorn © Archivist I S. 49: Odins Rabe aus Germanic/Nordic Gods : Freya - Wotan - Thor © Erica Guilane-Nachez I S. 51: Odin on his throne © Juan Aunión I S. 58: viking ship in beautiful Norwegian fjord landscape © Lars Gieger I S. 61: Newfoundland, CA: L'Anse aux Meadows on June 24, 2011. A viking archaeological site on the northern tip of Newfoundland © Bob I S. 65: A wooden torch with a burning fire © Максим I S. 66: torch on the wall of an old castle © sf1nks I S. 74: authentic hand carved bone horn viking comb © Lars Gieger I S. 82: Thingvellir National Park, a UNESCO World Heritage Site - Iceland © Leonid Andronov I S. 88: Dark clouds over a farmers field © RS Photography I S. 92: Ziegenhörner © nadezhdash I S. 98: Snowflakes Set © Roman Dekan I S. 105: Harvest wheat grain, growth rice stalk and bread grains isolated vector set © Tartila I S. 112: Set of different conifiers branches with cones © foxyliam I S. 114: Wooden Door of St Edwards, Stow-on-the-Wold, Cotswolds, UK © Frank I S. 124: 122: Myth - Freyja - Necklace © Archivist I S. 134: Viking Ships. Date: 9th – 10th centuries © Archivist I S. 138: handgezeichnete Sonne © snyGGG I S. 140: Wolves Skoll and Hati chase the Sun and Moon © Archivist I S. 144: viking icons collection © tribalium81 I S. 146: Norse Myth - Tyr - Sword © Archivist I S. 152: Twigs Birch © zdenat5 I S. 154: Russian forest landscape with beautiful birches. Watercolor illustration © Marina I S. 158: Ancient Norse Mythology Icon Set © leremy I S. 160: Germanic/Nordic God Thor © Erica Guilane-Nachez I S. 167: Tree stump © Pathpik I S. 175: Fountain water jets © Vector Tradition I S. 177: Loreley figure and Rhine valley view from the Lore Ley rock © Alice_D I Silvers token, Company Marine agents of the insurance company „Melusine". France, 19th century © Aleksey Solodov I S. 185: Freyr © rook76 I S. 191: Modern magic witchcraft sign day and night © annbozhko I S. 193: Aurora Borealis, Lofoten islands, Norway © Biletskiy Evgeniy I S. 199: Wind rose magic navigation compass ancient© robin_ph I S. 202: Rebuilt historic viking houses in Schleswig-Holstein, Germany © hardyuno I

AKG-Images:

I S. 107: Iceland: Audhumbla releasing Buri from a block of ice. Ink on paper, Jakob Sigurdsson (1727–1779), 1764. Arni Magnusson Institute, Reykjavik. The Poetic Edda is a collection of Old Norse poems primarily preserved in the Icelandic mediaeval manuscript Codex Regius. Together with Snorri Sturluson's Prose Edda, the Poetic Edda is the most important extant source on Norse mythology and Germanic heroic legends. I